たくましい心と
かしこい体

― 身心統合のスポーツサイエンス ―

征矢英昭・坂入洋右 編著

Physical Education
Sport
Psychology
Physiolog
Philosophy
Sociology
Coaching
Engineering
Budo
Biomech

大修館書店

まえがき

運動が育むたくましい心とかしこい体

「たくましい心とかしこい体は共に育つ」、これが本書のコンセプトといってもいい。この根底には、体と心は一体となっている状態こそが本来のかたちであり、分かつことなどできないものだという考えがある。さらに、運動やスポーツに興ずる人間には自然にかしこさやたくましさが宿る、という考えが込められている。

我々は、運動やスポーツに興ずると、最初はうまくいかず嫌になる。テニスなどで誰もが経験することだ。しかし、うまい人をひたすら真似ることでやがて体が動くようになり、うまくできるようになることを実感する。これは、「かしこい体」の形成を意味している。おそらく、前頭部などにあるミラーニューロン（他人の動作を見て、自分もその動作をしているかのように興奮する脳内神経細胞）が働いたのだろう。そして、筋肉もしなやかに、強くなっていく。そうなると、ラケットの素振りを何度繰り返してもそれほど苦にならない。また、例え辛くても毎朝剣道の稽古に取り組む子どもたちの姿を想像してほしい。誰もがそこに、「たくましい心」を感じるはずだ。しかし、ストレスや悩みを抱えたりして、家に引きこもりがちになる子どもも少なくない。心のたくましさが失われると、体も動かなくなるのだろう。

心と体は、それぞれが今なお不可解なものであり、その関係性はさらに不可解なものである。それでも我々は、両者が絶え間なく作用しあい一体となって一個の人間を強く活かす様を、元気で挑戦的に生きる人から確かに感じ取ることができる。戦前の我が国における自然科学を牽引した生理学者・思想家である橋田邦彦は、こうした様態を「生命の全機性」と呼んで、その基盤となる体（筋肉）の動くしくみを説いた。我々もそれにあやかって、たくましい心とかしこい体を紐解いてみよう。

「心」と「体」、「身心」について

心と体について考えることは非常に難しい。このことは、一方で「心」と「こころ」、他方では「からだ」と「体」と「身体」といったように、心や体を指し示す言葉が複数見られるとともに、その各々の言葉に固有の意味が与えられていることからもうかがえる。また、「心身」と「身心」のように異なる表記が存在することも、心と体の捉え方が多様であることを示している。本書では、敢えてそれぞれのどれか一つずつに絞って議論するのではなく、各執筆者が自らの専門とする分野で使われる言葉と用法をもとにして各自の考え方を展開している。そのことは人間の身体運動を研究することと、そして身体運動する人間における「心と体」を考えることの難しさを意味すると同時に、この問題の奥深さを示しているといえる。

運動は気分を変える

　気分が落ち込むことは誰にでもあることだ。しかし、ヨガや太極拳を3分間やってみよう。少し苦しさが和らぎ楽になる。その際、体温も増加し気分がよくなるのを実感する。気分が好転する瞬間だ。精神科医は薬によって気分を変えることができるが、我々は、何気ないボディワークによって気分を変える技を知っている。これはサイエンスの生まれるはるか昔にインド人が気づいた経験知でもある。

　その際、本当に脳は反応しているのだろうか？　脳の活動をみる最新鋭の機器を用いた研究はその問いに答えてくれた。運動することで運動の制御に関係しない脳部位も活性化し、前向きな気分と認知機能を高めることがわかったのである。まさに運動の結果として脳が変わること、体から心へと作用することを示している。

　国際的に著名な脳神経科学者のアントニオ・ダマシオは、多くの著作を通じ、脳にある体の地図と機能の意義について独自の論を展開している。そこでは運動を支配する脳（運動野など）だけでなく、感じる脳（感覚野）と捉えるところに特徴がある。動物やヒトの「運動する」という行為は脳が起こす指令によるものだが、同時にそれを感じる脳も機能する。つまり、運動時に活性化される筋や腱、関節、そして心臓や肝臓、さらに自律神経や内分泌系がホルモン物質を介して体全体に情報を伝達し、脳にも情報が入る。すると、感覚野はそれらを感じると同時に、いわゆる感情（feeling／mood）を作り出す神経回路が活性化し感情を変える。運動は単にエネルギーを燃やし、ダイエット効果をもたらすだけでなく、運動の様式に応じて様々な感情変化をもたらす。

その際、ボトムアップとも呼べる体から脳に向かうシステムを再認識する必要がある。多くの人々は、運動は脳→筋と考え、体は脳の奴隷と考えがちだ。しかし、本当に全力を発揮するためには、筋を含む体の様々な臓器からの信号が重要とされる。また、最近運動時には、ホルモン様物質が筋や肝臓でつくられ、それらが肝臓や脂肪組織そして脳にも影響を与えることが明らかになっている。ハーバード大学のシュピーゲルマン教授らは、運動時に筋から生まれるホルモンが脂肪を燃焼させ、海馬を活性化するとする仮説を提案する。運動は、全身的な臓器やシステムを刺激し、安静時の状態を劇的に変えてくれる。こうした体全体が同時に働く基盤として、臓器円環という考え方が生まれている。運動は、筋だけに効果があらわれるわけではない。肝臓にも脂肪にも、そして脳にもあらわれる。この概念は、我々の体が脳の奴隷ではないことを証明しているのである。

身心の統合とスポーツ科学

「身心の統合」、それは当然のことであり、敢えていう必要があるのかとする議論があったのを記憶している。しかし、身心統合がうまくいかずに苦しむ人々がいることも事実である。今や地球規模で環境破壊が進む中、人と社会の活力低下も同時に問題視されている。我が国でも、この10年で子どもの体力や学力が総じて落ち込み、その背景には意欲の低下も関係していることが指摘されている

（２００７年、学術会議外部報告）。果たしてこの問題に運動やスポーツはどう対処できるのかという問いが研究テーマとなり、やがて文科省が認定する「身心統合スポーツ科学の国際研究教育拠点」に発展した。

この学問はまだまだ未熟である。そして、身心の統合がどういうものかもまだ見えていない。しかし、ヘミングウエイの『老人と海』には、80日間の不漁にもめげずに立ち向かう漁師、サンチャゴ爺さんの生き様が描かれている。彼の躍動する姿には、たくましさとかしこさの共存を容易に感じ取ることができる。そんな姿をモチーフとして今後の研究を進めていきたい。

本書を、退屈な毎日に自ら挑戦状を投げかけ、日々、何気ない活動に、仕事に、芸術に、スポーツに励む人々に捧げたい。

征矢　英昭

平成28年5月

目次

まえがき／iii

第1部　かかわり合う体と心

第1章　からだからこころへのアプローチ……2

1.「あがり」と「だらけ」の調整による実力発揮／2
2. 闘争－逃走反応とリラクセーション反応／3
3. 調身・調息から調心へ／7
4. こころの状態を測る二次元気分尺度／10
5. からだを活用したこころの自己調整／15

第2章　コーチング現場における体と心……19

1. コーチングとは何か？／19
2. 本番の試合において実力を出し切る／23

3. まとめ／27
第3章　カウンセリングから考える「からだとこころ」……29
1. はじめに／29
2. パフォーマンスと自己表現／30
3. 窓口としてのパフォーマンスの語り／33
4. パフォーマンスの語りの象徴的意味／36
5. おわりに／44
コラム1　スランプからの回復……46
第2部　体と心の科学
第4章　スローランニングは海馬を肥大させる――脳と筋肉は同じモノ？……52
1. はじめに／52
2. スローランニングの動物モデル／55
3. 異なるランニング速度からみた脳の活性度比較／60
4. スローランニングでより活性化する海馬の神経と脳由来神経栄養因子／64

5. 海馬の局所血流からみた神経活性／66
6. 脳科学からみたスローランニングの意義／69
7. スローランニングで海馬神経新生が高まる／71
8. 海馬の発達を担う脳内メカニズム／73
9. 身心の統合的発達に軽運動／76

第5章 からだの動きと神経 …… 81

1. からだが動くということ／81
2. からだの動きを測る／85
3. からだの動きを支援する／92
4. まとめ／99

第6章 スポーツと血管の科学 …… 102

1. 血管――血管は血液を運搬するだけではない／102
2. 動脈の硬さ――「人は血管とともに老いる」／103
3. 有酸素性運動と動脈の硬さ――有酸素性運動は動脈を若返らせる／105
4. 筋力トレーニングと動脈の硬さ――ウエイトリフターの動脈は硬い／109
5. 動脈の運動効果――運動効果は貯金できない／110

6．運動効果の個人差――運動効果の個人差の一因は遺伝子／111
7．食生活と動脈の硬さ――食生活も大切／113
コラム2　環境とスポーツ
――トップアスリートの調整（ダカール・ラリーと高所トレーニング）……118

第3部　楽しく動くことの意味

第7章　たくましい子どもを育む「プレ（イ＋トレ）ーニングのすすめ」……128
1．ドイツの体操事情から／128
2．たくましい子どもを育むためには／135

第8章　若者のための身体技法……142
1．体のこと知っていますか？／142
2．体と心の落ち着く呼吸法――円笑呼吸法／144
3．楽な立ち方の見つけ方――立ち方を探す／151
4．よく眠れるための寝方の工夫／155
5．体と生きる／160

第9章　SPARTSによる学校体育復興支援 …… 164
1．はじめに――被災地支援の4年間／164
2．急性期の多世代型運動支援／166
3．学校体育の復興支援――2分間SPARTS体操／169
4．2分間SPARTS体操の効果／171
5．被災地からの声／175
6．これから／177
コラム3　復興支援における体操の役割 …… 179

第4部　体と心の文化論

第10章　武道の文化性――心と身体 …… 190
1．はじめに／190
2．神々とかかわる心と身体／191
3．武士の心――武士という身分／193
4．勝負における心身――平常心／195

5. 心身修行の工夫／199
6. 身体を通して心を磨く——山岡鉄舟／203
7. おわりに／205

第11章　身体とこころをどのように捉えるか ……210

1. はじめに／210
2. 「身体とこころの関係」はどのように考えられてきたか？／211
3. 体育・スポーツにおける「身体」、そして「身体とこころ」の関係／213
4. 「身心の統合」に向かって／217
5. おわりに／222

コラム4　身体から社会をみつめる ……225

あとがき／232

第1部

かかわり合う体と心

第1章　からだからこころへのアプローチ

坂入　洋右

1．「あがり」と「だらけ」の調整による実力発揮

スポーツでも勉強でも仕事でも、こころとからだの状態が良好で自分の能力を存分に発揮できる時と、焦ってミスをしたり、だらけて作業が進まなかったりして、期待するような成果が得られない時がある。一般的に、試合や試験やスピーチなどの場面では、こころとからだが緊張して過剰に興奮した状態を特徴とする「あがり」が問題となり、練習や勉強や会議などの場面では、だるさや眠気などの覚醒水準が低下した状態を特徴とする「だらけ」が問題となることが多い。もし、このような状態を自分で調整するセルフ・レギュレーションのスキルを身につけることができたら、トレーニングや勉強に集中したり、重要な場面で実力を発揮したりすることに役立つであろう。

しかし、誰もが経験しているように、意志（こころ）の力でこれらの状態を変えることは難しい。長いミーティングや会議で眠くなった時に目を覚ましていようと努力しても、逆に、試合前夜に興奮している状態で頑張って眠ろうとしても、大抵は失敗におわってしまう。特に試合や試験などの重要な場面における過緊張の状態は、気持ちを落ち着けようとして足掻けば足掻くほど、逆に「あがり」

の泥沼にはまってしまう。本章では、なぜこのようなことが起こるのか、そのメカニズムを説明した上で、こころとからだの状態をうまく自己調整するにはどうしたらよいのか、その重要なポイントを説明し、調整方法を提示する。

2. 闘争-逃走反応とリラクセーション反応

勉強や仕事で眠くなった時にどのような対処をしているか、思い出してみてほしい。軽くストレッチをしたり、お茶やコーヒーを飲んだりしているのではないだろうか。頑張って目を覚まそうとする意志の効果よりも、歩いて飲み物を取りに行くという運動の効果やカフェインの薬理効果などの方が、こころとからだの覚醒水準を上げるのに有効である。このような違いは、「あがり」の場合には特に顕著である。重要な試合で緊張している選手に対してコーチが「リラックスしろ！」と怒鳴ったりするのは、効果がないばかりか、逆に選手が落ち着こうとして動揺してしまうような悪影響をもたらす。肩を動かして筋緊張をほぐしたり深呼吸したりすることの方が、「あがり」の状態の緩和にはずっと有効である。

このような現象が起きる原因は、人間の脳のメカニズムにある。覚醒水準の調整に主にかかわるのは随意神経系ではなく自律神経系で、間脳の視床下部を通して自律的に制御されているため、意識的なコントロールが困難なのである。人間の体を自動車に例えて自律神経系の働きについて簡単に説明すると、アクセルにあたる交感神経系とブレーキにあたる副交感神経系が自動運転プログラムで調整され、エンジンの回転数（呼吸や心拍数など）が適切な状態に保たれているようなイメージである。平常時はあまりアクセル（交感神経系）を使わず、副交感神経系の活動が優位な状態でエネルギーの消費が節約されているが、競争したり逃げたりする必要がある時には、自動的にアクセル（交感神経系）が活性化し、エンジンにあたる心臓がフル稼働するプログラムになっている。このしくみは基本的に人間だけでなく多くの動物に共通であり、闘ったり逃げたりする行動に適した興奮状態になる反応として、闘争-逃走反応と呼ばれている（Cannon, 1935）。問題は、この自動プログラムが現代の人間に適合していないことにある。興奮状態では、呼吸が荒くなり、心臓がドキドキし、頭に血が上って顔が赤くなる一方、手足は冷たくなって冷や汗が出たりする。交感神経系の活性化と関連するこれらの反応は、闘うか逃げるかを迫られる状況に直面したサルにとっては最適なものだと思われる。生き延びるためには、できるだけ多くの酸素を脳と骨格筋に送る必要がある。呼吸で多くの酸素を取り入れ、血液のポンプである心臓をフル稼働して脳に優先的に送っているのである。また、手足が乾燥していては逃げる際に木の枝をつかみ損なう恐れがあるので、自動的に手のひらや足のうらに粘性の高い汗（精神性発汗）が出る。しかし、人間の場合の緊急時は人前でのスピーチや面接試験などであり、激しい運動を行うわけではないので、ドキドキして顔が赤くなることに利点はない。また、緊張

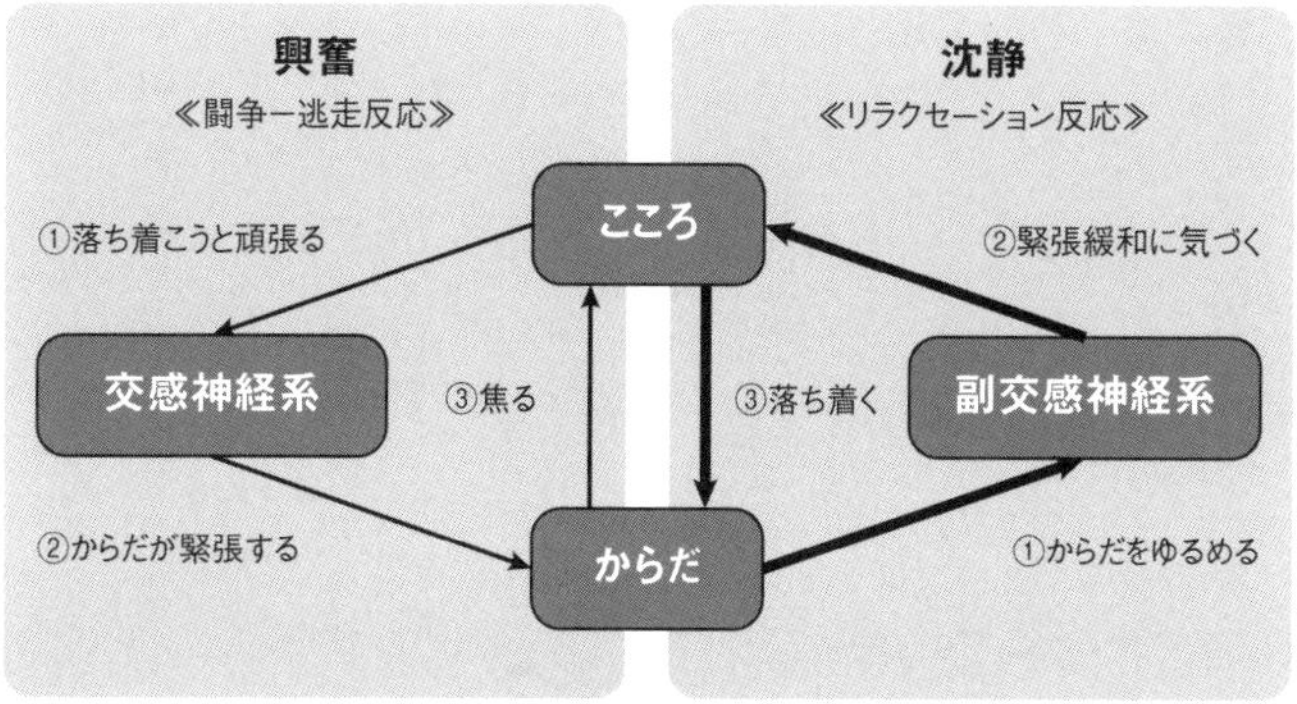

図１　こころとからだの興奮と沈静の循環のメカニズム

した時に手のひらに汗をかくのは、野球の投球においてもデートで手をつなぐ場合でも、あまりよい結果には結びつかない。スポーツでも仕事でも、人間が高いパフォーマンスを発揮するためには、この状態を自分で調整するセルフ・レギュレーションのスキルを身につけることが不可欠である。

図１に、こころとからだの興奮（緊張）と沈静（リラックス）の循環のメカニズムを、自律神経系の反応を中心に示した。本質的な問題は、「頑張ろう」でも「落ち着こう」でも同様に、重要な場面では交感神経系が自動的に興奮してしまう脳のプログラムが、現代人の生活に適していないことにある。多くの人は、落ち着こうと頑張ることによって、逆に不安や緊張を高めて失敗してしまう精神交互作用の悪循環の罠に陥ってしまう（森田、１９６０）。例えばスポーツにおいて、試合中の継続的なプレイよりもペナルティキックやフリースローなどのように、準備する時間が

あるセットプレイの方が過緊張状態になりやすいのは、その間に心を落ち着かせようと意識して逆効果の努力をしてしまうためだと考えられる。スポーツに限らず面接試験などでも、一人ずつ順番に発言を求められたりして待ち時間がある方が緊張してしまいがちである。図1の左側の矢印がそのような悪循環を示したもので、矢印が「こころ」からスタートしていることが問題となる。「落ち着こう」と頑張って「こころ」をコントロールしようとすると、自動的に交感神経系が賦活されて「からだ」は逆に興奮してしまう。うまくコントロールできないことに焦って、何とかしようと頑張るほどさらに興奮が高まるという悪循環に陥ると、パニック状態にまで至る場合もある。開き直って何もしない方がまだよいが、重要な場面で時間があるのに何もしないというのは、特に緊張しやすい真面目な性格の人にとっては実行困難な方法である。何らかの努力をするのであれば、コントロールすることが難しい自律神経系やこころではなく、より容易な随意神経系やからだ（筋や行動）を活用して調整することが、有効な対応策である。

人間にはこころとからだがあり、両者は密接に関連して機能している。こころが緊張している時は、からだも緊張している。こころは他人からは見えないので、例えば選手が緊張していることにコーチが気づくのは、肩に力が入っているとか動作が速くなりすぎているとか、からだ（筋や行動）の観察に基づくものである。その際に、こころのコントロールは諦めて、肩をゆすって筋の緊張を緩めたり意図的にゆっくり歩いたりして、からだのコントロールを試みることが有効である。図1の右側の太

表1　調身・調息から調心へのアプローチ

瞑想の基本	調身　⇒	調息　⇒	自己観察　⇒	調心
調える対象	行動と筋	生理状態	受動的注意	心理状態
現代の技法	筋弛緩法	呼吸法	自律訓練法	

い矢印に示したように、「からだ」の緊張が少しでも緩めば、その分だけ生理的な興奮状態が沈静化する。そして、そのわずかな変化に気づくこと（セルフ・モニタリング）ができれば、「こころ」も少し落ち着いてくる。矢印が「からだ」からはじまることによって、「こころ」の状態を自分で調整するためのセルフ・レギュレーションの良好な循環が可能になるのである。

こころとからだの過緊張状態をコントロールするためには、交感神経系の過剰な興奮を抑制して副交感神経優位な状態に切り換えるスキルを身につけることが必要となる。古くから人類は、この目的に適した様々なトレーニングを開発し実践してきた。禅やヨガなどの瞑想法がそれである。瞑想法を研究したBenson（1975）は、トレーニングによって可能となる副交感神経優位な方向への変化を、リラクセーション反応（Relaxation Response）と名づけた。

3．調身・調息から調心へ

禅の基本を示す言葉に調身・調息・調心があるが、身体を調えるのが先で心が調うのは後という順番が重要である。表1に示したように、身（行動や姿勢）を調え、息（生理状態）を調えて、そのまま静かに自分を観察していれば（受動的注意）、心（心理状態）は自然に調うということを表している。坐禅の経験のない人は、無念無想などというこころの修行のイメージで禅を理解しているかもしれないが、坐禅をする時にまず指導されるのは、禅堂の歩き方や坐禅時の坐り方である。すでに説明したように、最初からこころを落ち着けようと努力すると逆効果になってしまうので、まず行動や姿勢などのコントロール可能な随意系を調整し、次に自律系の中で意識的な調整が可能な呼吸を調えて、自分のからだとこころの状態をあるがままに観察（受動的注意）していると、自然にこころが調ってくる。現代の技法としては、筋弛緩法や呼吸法や自律訓練法など（坂入、2011）を活用することが有効である。

仏教では、「心身」ではなく「身心」という言葉を用いるが、この順番を心掛けることがセルフ・レギュレーションを成功させるポイントとなる。坐ってから心を落ち着かせるのではなく、禅堂に入る時の歩き方や坐る姿勢（結跏趺坐）が一定に定められており、その段階から自然に落ち着いてくる。毎日同じ動作と同じ姿勢を繰り返しながら一定の状態を再現することによって、こころとからだの状態が条件反射的に調整されるようになるのである（坂入、2008）。

スポーツにおいては、ルーティンと呼ばれる儀式的な動作としてこのスキルが活用されている。打席に入る前に毎回一定のストレッチの手順を行う野球選手とか、フリースローをする前に必ずボールを2回バウンドさせるバスケットボール選手などがその例である。一流のアスリートは、ストレスのかかる場面になってから過度の緊張を調整しようとするのではなく、禅僧と同じように、その前の段階で動作（行動）と姿勢（筋緊張）を一定に調整している。

バスケットボールにおけるルーティンの活用の実例を紹介する。大学バスケットボール部のレギュラー選手5名について、ある年の公式戦（関東1部リーグ戦）におけるフリースローの成功率を調べたところ平均70%であった。練習での成功率は90%以上だったので、技術以外の失敗の要因を検討するため、公式戦の全てのフリースロー場面をビデオ分析した。その結果、フリースローに要する時間（ルール上は5秒以内）のバラつきの大きさ（標準偏差）が、シュート成功率と強い相関関係（r=−0.89）にあることがわかった。そこで、公式戦での成功率が62%（18／29）で5名の中で最も低かった A選手が、毎日の全てのシュート練習でルーティンを行うトレーニングを実施したところ、翌年の公式戦での成功率は84%（27／32）になり、これは5名の中で最も高かった。前年と比較して、フリースローに要する時間の平均は4・3秒で変わらなかったが、そのバラつき（標準偏差）は0・33秒から0・21秒へ統計的に有意に縮小していた（p<.05）。この結果は、試合中のどのような場面でも常に、ほぼ一定の速さでA選手がルーティンを実施できていたことを示している。ファウルに気持ちが苛立って動作が速くなりそうな時も、疲労が蓄積して動きが遅くなりそうな時も、練習時と同じ一定の速さでルーティンを実行することにより、理想に近い心理状態でフリースローを行うことができることが、次節で紹介する二次元気分尺度（坂入ら、２００３）を用いた研究で確認されている。ま

た、同じバスケットボールでも、冷静さが求められるフリースローに適した心理状態と積極性が必要なリバウンドボールの獲得に適した心理状態は大きく異なっており、さらに同じプレー課題でも、理想の心理状態は個人差が大きいことがわかった（坂入ら、２００９ａ）。

スポーツでも仕事でも、様々な課題の遂行に最適な心理状態を目指して各個人が適切なセルフ・レギュレーションを行うためには、自分の心理状態の変化を手軽に測定できるような尺度が必要となる。そのため、からだの状態（生理的覚醒水準）とこころの状態（心理的覚醒水準）を統合した基盤的な心理状態の二次元モデルを提案し、その理論に基づいて二次元気分尺度を開発した。

４．こころの状態を測る二次元気分尺度

部屋の温度を適切な水準に調整するためにエアコンが役に立つが、自分のこころの状態（心理的覚醒水準）を適切な水準に調整するためにも、同様のしくみが活用できる。室温の調整には、温度をモニタリングする測定器具と、温度を上げるための暖房装置および下げるための冷房装置が必要なように、こころの状態をモニタリングできる測定器具（二次元気分尺度）と、覚醒水準を快適に上げるための身心の活性化技法（各種の軽運動など）および快適に下げるための身心の安定化技法（筋弛緩法や呼吸法など）を活用することによって、からだとこころの覚醒水準を適切な状態に調節することが

可能になる。

軽い運動を1分間した前後での変化など、からだの状態（生理的覚醒と快・不快の水準）の違いに応じて短時間で刻々と変化するこころの状態を測定するためには、できるだけ少ない質問項目で幅広い心理状態を測定できる尺度が必要である。これまでは、抑うつ状態を中心とする気分を測るために作成されたPOMS（65項目、短縮版30項目）や不安状態を測るためのSTAI（20項目）などが利用されることが多かったが、項目数が多すぎて適していなかった。そこで、抑うつ状態や不安状態などのネガティブなものだけでなく、元気な活性状態やリラックスした安定状態などのポジティブなものまでを含む包括的な心理状態を数項目の質問で測定し、その結果として得られるこころの状態の特徴や変化を、視覚化して「心のダイアグラム」（図2）に示すことができる「二次元気分尺度（8項目、短縮版2項目）」を開発した（坂入ら、2009b）。この独自の尺度がどのようなものか正確に理解できるように、以下にその開発経過について説明するが、やや専門的な内容になるので、わかりにくい場合は、全体的なイメージを把握するために、まず図2を見ていただきたい。

二次元気分尺度の作成に際して、まず必要なのは測定対象とする心理状態を定義することであったが、からだの生理的状態を反映したこころの基盤的な状態に関する理論として、認知神経科学者であるDamasio（1999）が提唱した背景感情（background feeling）の概念を採用した。これは、生理学的メカニズムに基づいて、人間の基本的な心理状態が、快―不快（快適度）と興奮―沈静（覚醒度）

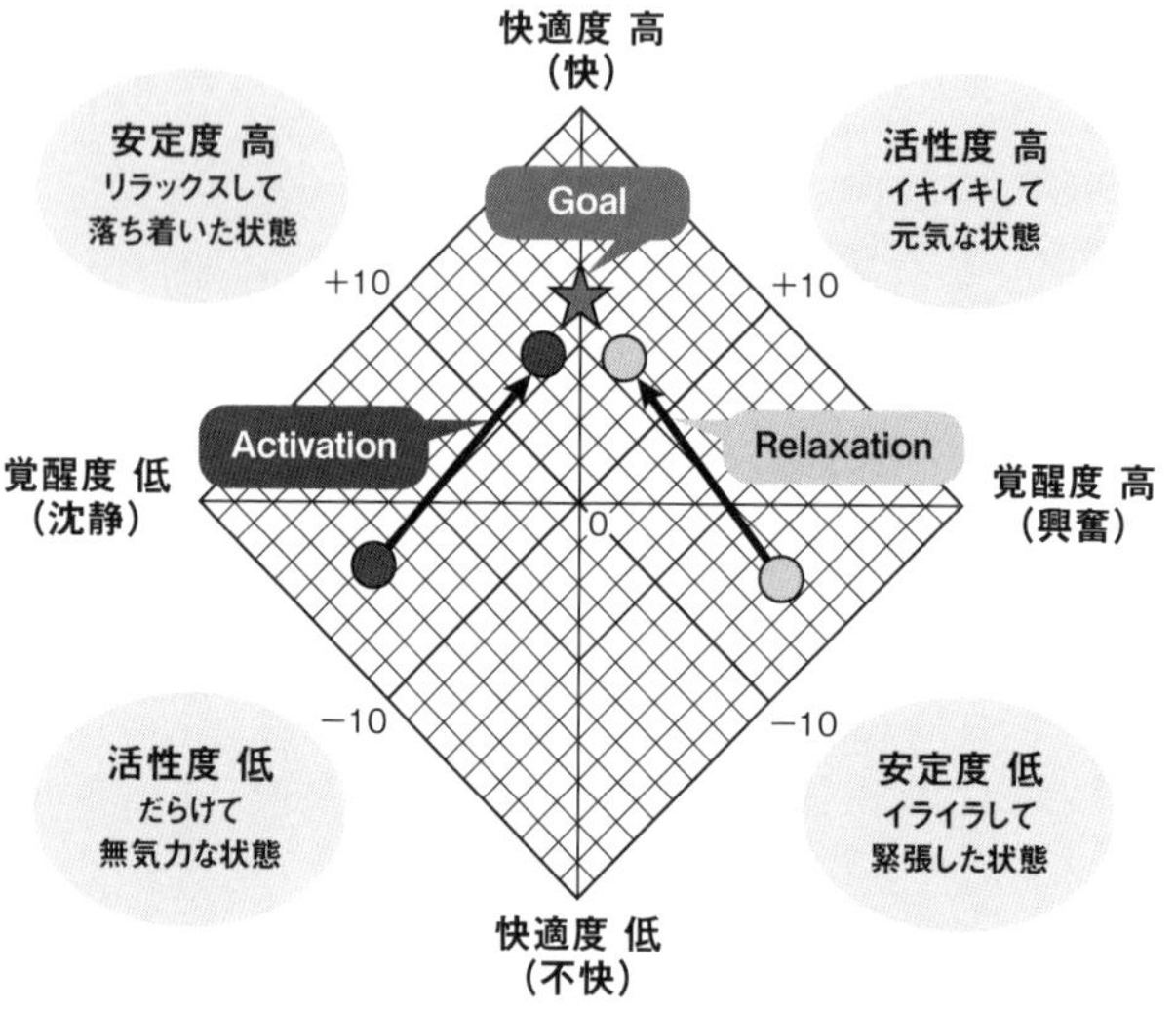

図２　心理状態の二次元モデルに基づく「心のダイアグラム」

を2軸とする二次元で示されるからだの状態を反映しているとする考え方である。「あがり」を説明する際に、緊張し過ぎもだらけ過ぎも不適切で中庸がよいとする逆U字理論がよく用いられるが、これは心理状態を興奮—沈静（覚醒度）の一次元であらわしたものである。これに快—不快（快適度）の要因を加えて二次元にすることで、同じ緊張でもポジティブで快適な緊張とネガティブで不快な緊張があることを区別することが可能になり、現実への適合性が高まる。心理学者であるRussell（2003）の中核感情（core affect）やThayer（2001）の多次元覚醒（multidimensional arousal）の概念も同様の二次元を仮定しているが、言葉を用いてこころの状態を測る心理尺度を作成しようとすると、Thayer（2001）がエネルギー覚醒（energy-tiredness）と緊張覚醒（tension-calmness）と呼んだ別の2要素が見出され、快適度と覚醒度とは異なる2軸からなる心理状態の二次元座標が得られる。心理学の研究領域においては、こころの状態が何次元（何因子）であらわされるかという論争が現在も続いており、これらの4要素についてもどのように統合したらよいかが課題となっている（Ekkekakis, 2011）。

そこで、新しい心理尺度を開発するため、心理状態をあらわす言葉を122語収集してその中から17単語を選出し、まず、それらの単語のあらわす心理状態がどの程度快適あるいは不快なものか（快適度）、また、どの程度興奮したあるいは沈静した状態か（覚醒度）について、60名の大学生を被験者としてイメージ評価を実施した。その結果、単語のイメージが、快適な興奮（元気な活性状態）、不快な沈静（抑うつ・無気力などの不活性状態）、快適な沈静（リラックスした安定状態）、不快な興奮（不安・緊張などの不安定状態）の4領域に集中していた。各領域から2単語ずつ質問項目を選んで8項目の心理尺度を作成し、880の心理状態のデータを収集して統計的分析を行った結果、主成分分析を実施した場合には快適度と覚醒度の2成分が得られ、因子分析を実施した場合には、エネルギー覚醒と同様な活性度と緊張覚醒と正負が逆の安定度の2因子が得られた（Sakairi et al., 2013）。このことは、ある時点のこころの状態を、生理的な状態を基礎とした観点から快適度と覚醒度を2軸とするダイアグラム上にも、心理的な状態を基礎とした観点から活性度と安定度を2軸とするダイアグラム上にも、同じ点として位置づけることが可能であることを示している。

図2に、基盤的な心理状態（からだを基盤とするこころの状態）の二次元モデル理論に基づいて作成した「心のダイアグラム」を示した。これは快適度と覚醒度が十字に直交する2軸からなる二次元グラフと活性度と安定度が×印に交わる2軸からなる二次元グラフを、一つの図として重ね合わせたものである。この図の中で、ある時点の心理状態はダイアグラム上の「点」として表わされる。点が位置する場所によって、上にあるほど快適な状態で、向かって右にあるほど興奮した状態であることを意味している。具体的には、点が左上にあればリラックスして落ち着いた状態、右上の場合はイキイキして元気な状態、左下はだらけて無気力な状態、右下はイライラして緊張した状態にあることを示している。

運動の前と後のように時間経過に伴って生じる心理状態の変化は、心のダイアグラム上では二つの点を結ぶ「矢印」としてあらわすことができる。すなわち、二次元気分尺度を用いて心理状態を複数回測定すれば、心理状態の変化の方向と大きさをベクトル（矢印）で示すことができるのである。この指標は、各種の運動やリラックス法の心理的効果に限らず、カフェインやアルコールなどの薬物の摂取から家具の使い心地や環境の違いに至るまで、からだの状態に影響を及ぼす様々な要因の心理的効果を数量的に評価し、その変化の特徴（方向）と大きさを図に示して視覚的に比較することが可能なものである（坂入ら、２００９ｃ）。

5．からだを活用したこころの自己調整

心理状態の二次元グラフ（図２）を用いて、からだを使ってこころを調えるセルフ・レギュレーションについて説明する。最初に、エアコンでいえば望ましい設定温度にあたる、目的に応じた理想の心理状態のエリアを決める必要がある。これからスポーツをするのか、勉強をするのか、眠りたいのか、それぞれの課題に適した心理状態は目的によって大きく異なる。同じスポーツでも種目によって異なり、例えば野球よりバスケットボールの方が最適な覚醒水準（興奮状態）は高い傾向がある（坂入ら、２００９ａ）。次に、室温でいえば暑いか寒いかにあたる、その時に問題となっている心理状態の特徴を把握し、暖房や冷房にあたる各種の活性化技法や安定化技法を活用して、必要な調整を行うことになる。例えば、バスケットボールで攻撃的にリバウンドボールを奪いたいのに、心理状態が左下の無気力なエリアにあるような場合は、心拍数を上げて活性度の向上効果をもたらすような活性化技法を活用し（図２の●→●）、落ち着いてフリースローをしたいのに過度に緊張して心理状態が右下のエリアにあるような場合は、安定度の向上効果をもたらすような安定化技法を活用して、目的とする心理状態のエリアに近づけるようにするのである（図２の◎→◎）。

気分転換に運動をする場合、どのような運動がどのような心理的効果をもたらすかを明らかにするために、高橋ら（２０１２）はダーツや卓球やストレッチなど16種類の運動（10分間）の効果を比較

検討した。その結果、運動の種類によって心理的効果に異なる特徴が見られた。例えば、同程度の運動強度（2・4METと2・3MET）であったストレッチ（静的）とアクティブビデオゲーム（テニス）では、快適度の上昇効果はいずれも5％水準で統計的に有意で効果量も同等（ES=0.76と0.72）であったが、覚醒度の上昇効果の大きさは異なっていた（ES=0.39と1.14）。ストレッチでは心理状態の活性度のみが上昇して（プラス3・0点）心理状態の安定度は維持されていたが（マイナス0・1点）、ビデオゲームでは活性度が大きく上昇した一方で（プラス6・7点）、安定度が低下していた（マイナス3・9点）。勉強をしていて少し眠くなった時などの気分転換に、これらの運動はいずれも覚醒度を上げて快適な心理状態に調整するのに有効だと思われるが、その後も落ち着いて冷静な思考を続けたければストレッチの方が、元気に手早く作業をしたければビデオゲームの方が適しているかもしれない。

どのような心理状態が最適なのかは、課題によって違うだけでなく個人ごとに異なっている。また、心理状態をより大きく活性化あるいは安定化させる有効性の高い方法も人によって異なっており、どのような方法が利用可能かは状況による制約を受ける。常に有効な方法などは存在しないので、他人や物に頼るのではなく、自分のからだをうまく活用して、こころの状態を自分で調節できるようになることが大切である。「この場面ではいつも緊張しすぎてしまう」などという自分の心理状態の変化の特徴を各個人が理解しておき、また実際の場面で自分の心理状態に生じた問題を把握して、それに応じて適切な身体活動を実施することが重要である。有効な方法は運動に限定する必要はなく、例えば麦茶を飲んだらリラックスして安定度が上がるとか、化粧をしたら気合が入って活性度が上がるとか、各自に適したものを見つけると実行しやすい。

スポーツや仕事や勉強に、日頃からベストなコンディションで取り組み、試合や試験などの場面で実力を十分発揮できるように、多くの人が心理状態のセルフ・レギュレーションのスキルを身につけて活用してくれることを期待している。

◆文献

・坂入洋右、徳田英次、川原正人、征矢英昭（２００３）「心理的覚醒度・快適度を測定する二次元気分尺度の開発」『筑波大学体育科学系紀要』26巻、27-36頁。

・坂入洋右（２００８）「養生法としての瞑想」『現代に生きる養生学』石井康智編著、コロナ社、154-167頁。

・坂入洋右、中塚健太郎、進藤友介、三原淳（２００９a）「スポーツにおける心理状態（覚醒水準）の研究法―時間経過・課題差・個人差の要因の二次元気分尺度を用いた検討―」『日本スポーツ心理学会第36回大会研究発表抄録集』206-207頁。

・坂入洋右、征矢英昭、木塚朝博（２００９b）『二次元気分尺度ＴＤＭＳ（Two-dimensional Mood Scale）』アイエムエフ。

・坂入洋右、征矢英昭、大塚博巳（２００９c）『心理状態測定装置』特許第４３７８４５５号。

・坂入洋右（２０１１）「心身の過緊張の調整に有効なカウンセリング技法」『バイオメカニズム学会誌』35巻３号１８１-１８５頁。
・高橋信二、坂入洋右、吉田雄大、木塚朝博（２０１２）「身体活動のタイプの違いはどのように気分に影響するのか?」『体育学研究』57巻1号、２６１-２７３頁。
・森田正馬（１９６０）『神経質の本態と療法』 白揚社。
・Benson, H.（1975）The relaxation response. William Morrow.
・Cannon, W.B.（1935）“Stress and strain of homeostasis” American Journal of Medical Science, 189: 1–14.
・Damasio, A.R.（1999）The feeling of what happens: Body and emotion in the making of consciousness. Harcourt Brace & Company .
・Ekkekakis, P.（2011）The measurement of affect, mood, and emotion in exercise psychology. Ed. Tenenbaum, I.G., Eklund, R.C. & Kamata, A. Handbook of measurement in sport and exercise psychology. Human Kinetics.
・Russell, J.A.（2003）“Core affect and the psychological construction of emotion” Psychological Review, 110: 145–172.
・Sakairi, Y., Nakatsuka, K., Shimizu, T.（2013）“Development of the Two-dimensional Mood Scale for self-monitoring and self-regulation of momentary mood states” Japanese Psychological Research. 55: 338–349.
・Thayer, R.E.（2001）Calm energy: How people regulate mood with food and exercise. Oxford University Press.

第2章 コーチング現場における体と心

高木 英樹

1．コーチングとは何か？

Coaching（コーチング）という用語は、Coach（馬車）に由来し、馬車が人を目的地に運ぶところから転じて「Client（対象者・依頼人）を目標達成に導くこと」を意味する。もともとは1849年頃、オックスフォード大学の学生が試験に合格するようにと雇った家庭教師をコーチと呼んだのが起源とされ、その後競技スポーツの世界で用いられるようになったが、現在では広くビジネスの世界でも活用され、組織や個人を目標達成に導くための手立て・方法として広く認知されている。

Coaching（コーチング）と似たような単語にTeaching（ティーチング）がある。スポーツ場面では、どちらも選手に対して技術あるいは戦術などを理解習得させる過程をさすが、選手の年齢や習熟度の違いによってコーチングとティーチングを使い分ける必要があると考える。つまり、あるスポーツ種目をはじめたばかりの小さな子どもであれば、手取り足取り教え込むティーチングの要素が多くなるのは当然だろう。しかし年月を経ることで技術が高まり、次第に定着して技能として自分で使いこなせるようになったら、今度はそれをうまく引き出すコーチングが重要となる。よって、図1に示

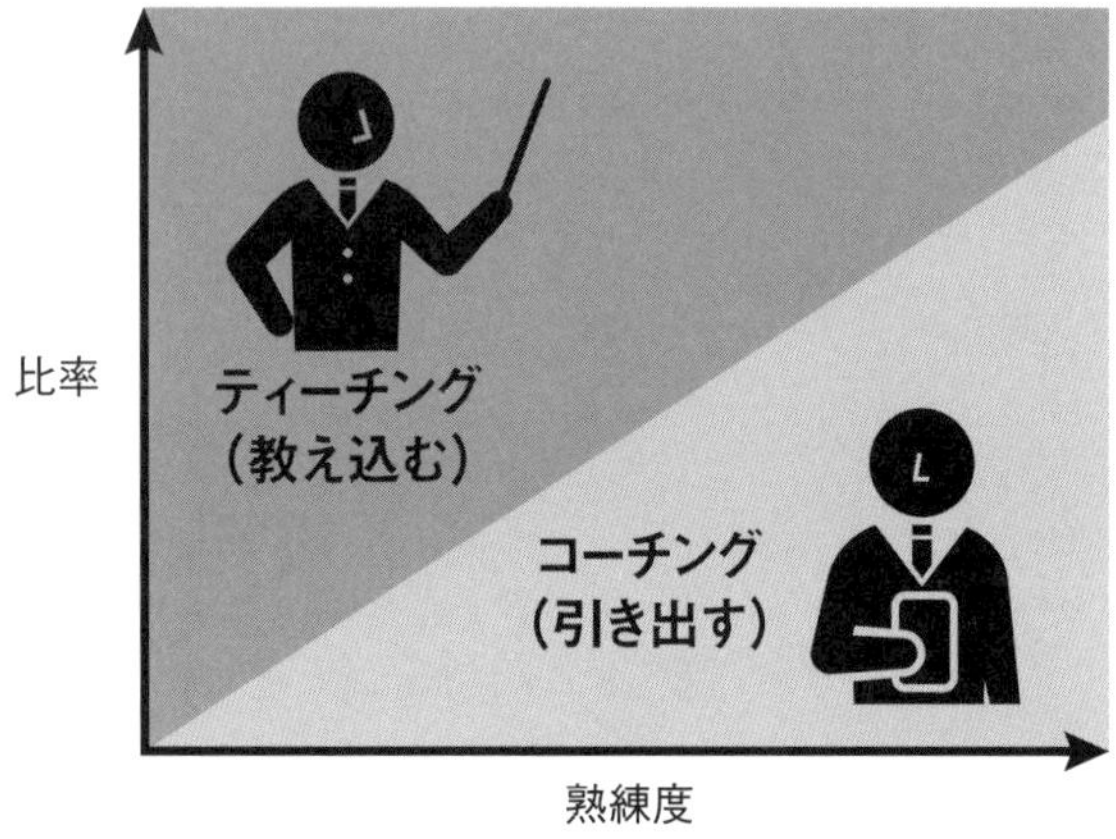

図１　コーチングとティーチングの兼ね合い

すように熟練度の低い場合には、ティーチングの割合がコーチングより多くなる。一方、熟練度が増して、高い競技レベルのレースや試合に出場するようになると、ティーチングよりコーチングの割合が増えてくる。しかしどんなに高いレベルに達しようとも、スポーツマンとしての倫理やコンディションを整える方法など教えるべき内容は多々あるので、ティーチングの割合がなくなることはない。

一般的に優れたコーチというのは、このティーチングとコーチングの兼ね合いをうまく調整し、対象者の年齢や熟練度に応じて適切な割合で指導できる人材であると考えられる。しかし日本人コーチの場合、往々にして教え込むことに熱心になるあまり、対象者の個性や適性をないがしろにして、自分の最適と考えるモデル（型）にはめ込もうとするきらいがある。短期的視点に立てば、個別的に対応するよりも画一的に一斉指導した方が効果の上がる場合が多い。しかしトップの記録や成績を目指すとなると、個性をいかし、潜在的な能力を引き出すコーチングの要素が重要となると考えられる。

次にコーチングの能力を規定する要素について考えてみたい。コーチング力を構成する要素は大きく次の二つに分けることができる。一つは情熱、もう一つは経験値である。その情熱と経験値の変化について、横軸に年齢をとり、情熱と経験値の絶対量をグラフにすると図2のようにあらわせる。年齢が低い段階では、あるスポーツ種目について他人に教えようとする情熱も経験値も低いと考えられる。その後年齢を重ね、競技歴が上がってくると、経験値が蓄積され、他人に自分のノウハウを伝えようとする欲求も高まるに違いない。そしてある時点でコーチを志したとすると、コーチング力はその時の情熱と経験値の掛け算であらわすことができる。コーチの駆け出しの頃は、情熱は有り余るほどあるが、経験値が足りず、結果として情熱×経験値の値は大きくない。その後年齢を重ね、様々な失敗や成功を経て、経験値は増加する。一方、情熱は年をと

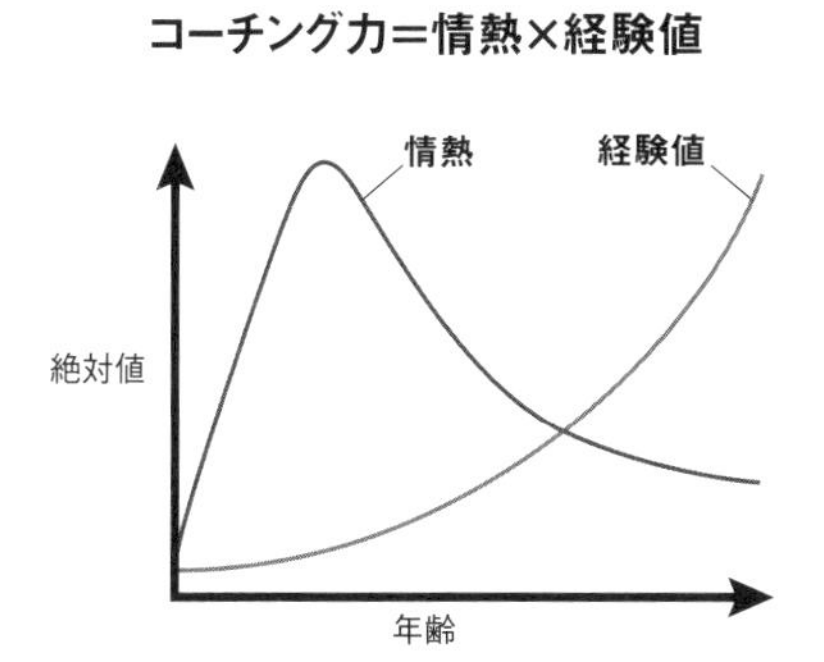

図2　コーチング力を規定する要素

ると徐々に低下していくのが世の常である。つまり情熱と経験値はトレードオフの関係にあり、年をとれば誰でもコーチング力が上がるわけではなく、コーチとしての力量を高めたければ、それなりの努力が必要となる。つまり、若い時であれば経験値の不足を補うために自分で勉強して、ベテランコーチに匹敵するくらいの情報を収集して蓄積する、年をとった時にはコーチングへの情熱を失わず、常に熱心に選手の指導にあたるかのどちらかである。超一流のコーチは、おそらく、そのどちらも心がけるがゆえに、凡人には真似のできない卓越したコーチング力を発揮できるのであろう。

次に具体的なコーチングの方法論について考えてみよう。コーチングとは選手の体力や技術を高め、それを試合やレースにおいてうまく引き出し、目標とする成績や記録を達成させるプロセスであるといえる。端的にいえば心技体をバランスよく鍛え結果を出させることといえる。しかし技術や体力は外から見ても向上したことを客観的に評価することはできるが、心が鍛えられたかどうかを判断するのは難しい。そのため、技術と体力に関してはきちんと練習メニューをつくり計画的に強化するが、心については後回しにして、試合が近づくと急に座禅を組んだり、メンタルトレーニングをはじめたりする例が見受けられる。あるいは心のコンディションを単に「気合が入っている・入っていない」で解決しようとする場合も多い。このような取り組み方では、いかに技術と体力を鍛えたとしても、心の状態が不安定であると十分に潜在的能力を発揮することはできない。ではいかにすれば心が鍛えられ、本番で本来の力が発揮できるようになるのであろうか？　一つは、心を体から引き離して心だけを鍛えることはできないということを認識すべきであろう。北島康介選手など数々のトップスイマーを育て上げた平井伯昌《ひらいのりまさ》コーチは、「心は体から鍛える」と述べている。厳しい練習を課し、極限まで体を追い込むこと、あるいは誰にも真似のできないような技を身につけることで、自信をつけられれば、試合本番においても「普段通りやれば勝てるはず」という気持ちの余裕が生まれる。また、メジャーリーグで活躍するイチロー選手のように、ここ一番という大舞台で結果を残すためには、いかなる場合でも決められた身体準備動作（ルーティンワーク）を行い、体から心に働きかけて、心の安定を図る場合もある。いずれにしても、心と体は不可分であり、心だけに働きかけて「落ち着け、落ち着け」と念じれば念じるほど緊張してしまうことはよくあることである。よってコーチとして選手に重要な試合で結果を残させるためには、常日頃から緊張を強いられる場面において、どのように心のコンディショニングを行うかを教え、そして心の安定を引き出すかが大事な役目となる。

2．本番の試合において実力を出し切る

コーチがたとえどんなに綿密に練習計画を立て、技術や体力を向上させたとしても、本番の試合において身につけた能力を１００％出しきれなかったとしたら、コーチングが成功したとはいえない。またコーチとして心技体の「技」と「体」は十分に鍛えたので、後の「心」の問題は選手次第という

のではやはり結果は出ない。あるいは本番を前にして「気合で負けるな」などの精神論のみを唱えても、ただでさえ緊張している選手にとっては逆効果である。ではいかにして本番で実力が発揮できる心の状態をつくることができるのであろうか? その答えを探る前提として、まず心の状態を自分あるいは第三者が客観的に把握できなければならない。そのための尺度として筑波大学の坂入・征矢・木塚によって開発された二次元気分尺度(2003)がある。具体例として男子水球日本代表選手に不調と好調の時を思い浮かべてもらい、その時の気分を調査した結果を図3に示す。図中において✚印は不調時をあらわし、●印は好調時をあらわす。競技特性によって、どのような心の状態にあれば好成績を収められるかは異なる。水球競技の場合、水中の格闘技とも形容されるくらいコンタクトの激しいボールゲームであるので、好調時にはイキイキとした快感情が高いと答えた選手が多い。一方不調時には個人差が大きく、興奮してイライラした状態であったり、ややだらけて不快な状態である場合が見受けられる。このように、人それぞれ不調・好調時の気分尺度は大きく異なり、実際に試合前の気分についても、対象試合の重要度などに関連して大きく変化する。よってある選手は興奮してイライラした状態であるなら、できる限りリラックスして不快な感情を取り除く必要がある。一方、冷静ではあるもののだらけた状態にある選手なら、自らを鼓舞し気持ちを高める必要があろう。このように試合において実力通りの力を発揮するためには、普段から心の状態をモニタリングできるよう訓練をしておき、試合に際してその時の心の状況をきちんと把握した上で、より好ましい状況に変化

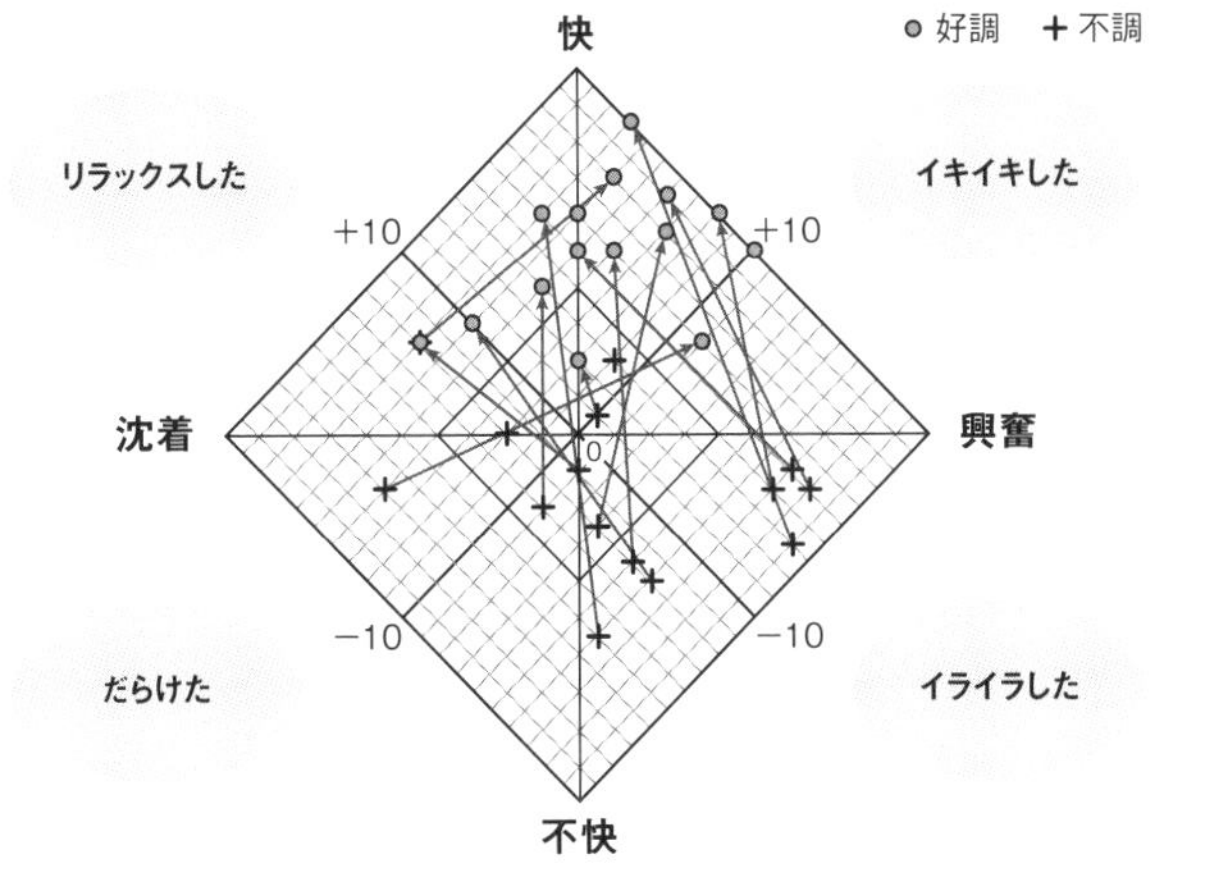

図３　一流競技選手の二次元気分尺度特性（男子水球日本代表選手）

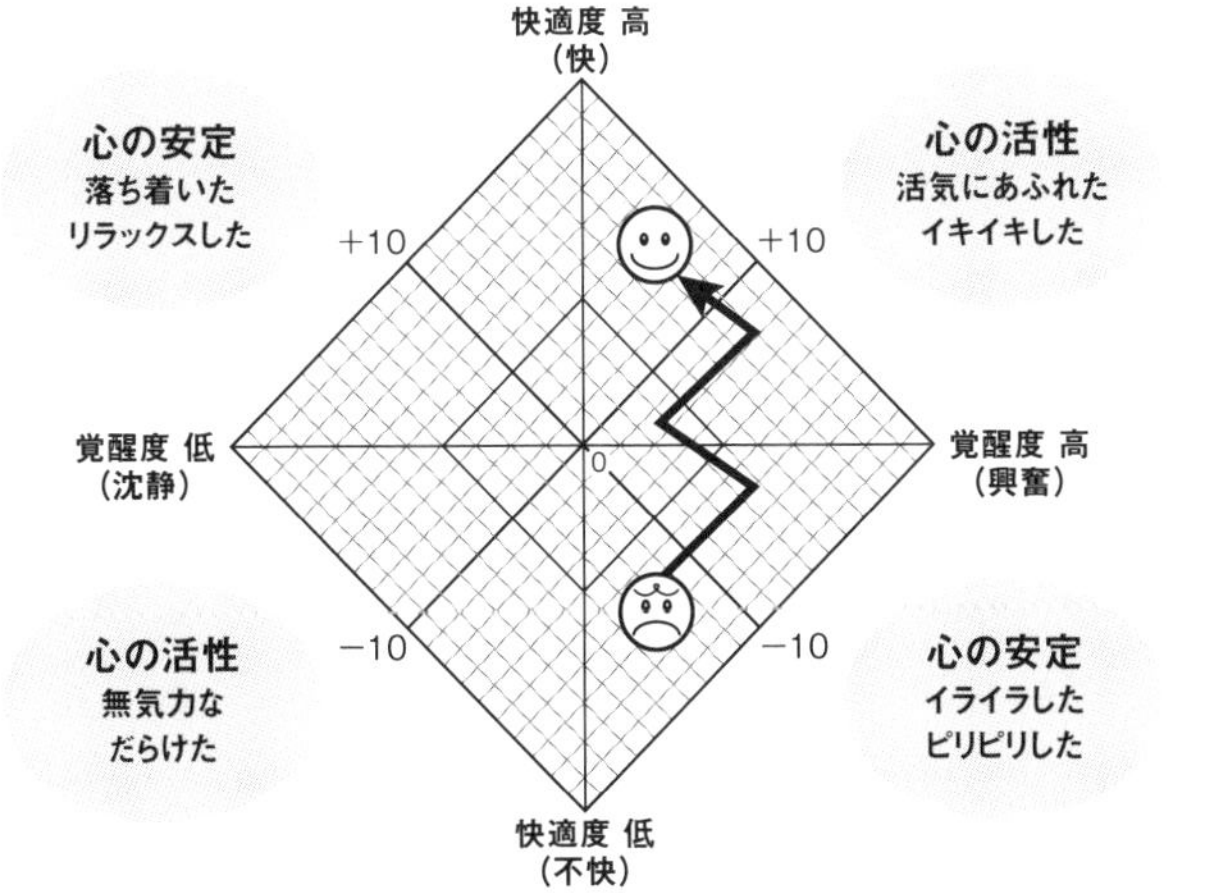

図４　心のコンディショニング方法（坂入 2003 を改変）

させるための手立てが必要となる。

その方法論として坂入は呼吸の制御や身体の緊張・弛緩を用いた自律訓練法を提唱している。図4に示すように試合前の気分がややイライラして不快な状態にある場合には、自律訓練法により覚醒とリラクゼーションを繰り返すことによって望ましいゾーンへと導けるようになるとよい。しかしこれらの自律訓練法は試合の直前に行っても効果は限定的であるし、常日頃から技や体を鍛えるのと同様に心への働きかけが重要である。さらに選手の気分の変化を的確にコーチが把握することができれば、目標とする試合において実力を発揮させやすいが、名コーチといえども選手を数多く抱えている場合、そう簡単なことではない。その例として、水球男子日本代表チームに所属する2名の選手に関して、ロンドンオリンピック予選（2012年）に臨む直前の気分尺度の経時的変化を図5に示す。

図5における横軸には日付をとっているが、1月24～26日が五輪予選本番である。また縦軸は活性度と安定度の得点を示している。両選手とも同じ環境で同じ練習メニューをこなして本番に臨んだわけだが、図5から明らかなように、活性度と安定度の変動パターンは大きく異なる。特に選手Aの場合には、活性度と安定度が比較的連動して変化しているが、選手Bの場合には活性度と安定度が相反する局面が見られる。このように気分の変化は十人十色であり、チームスポーツの場合、コーチが全ての選手の心の有り様を把握し、コントロールすることは不可能である。よってコーチとしては、各選手がまさに自立して自らの心の状態をモニタリングし、望ましい状態へと導けるように常日頃から

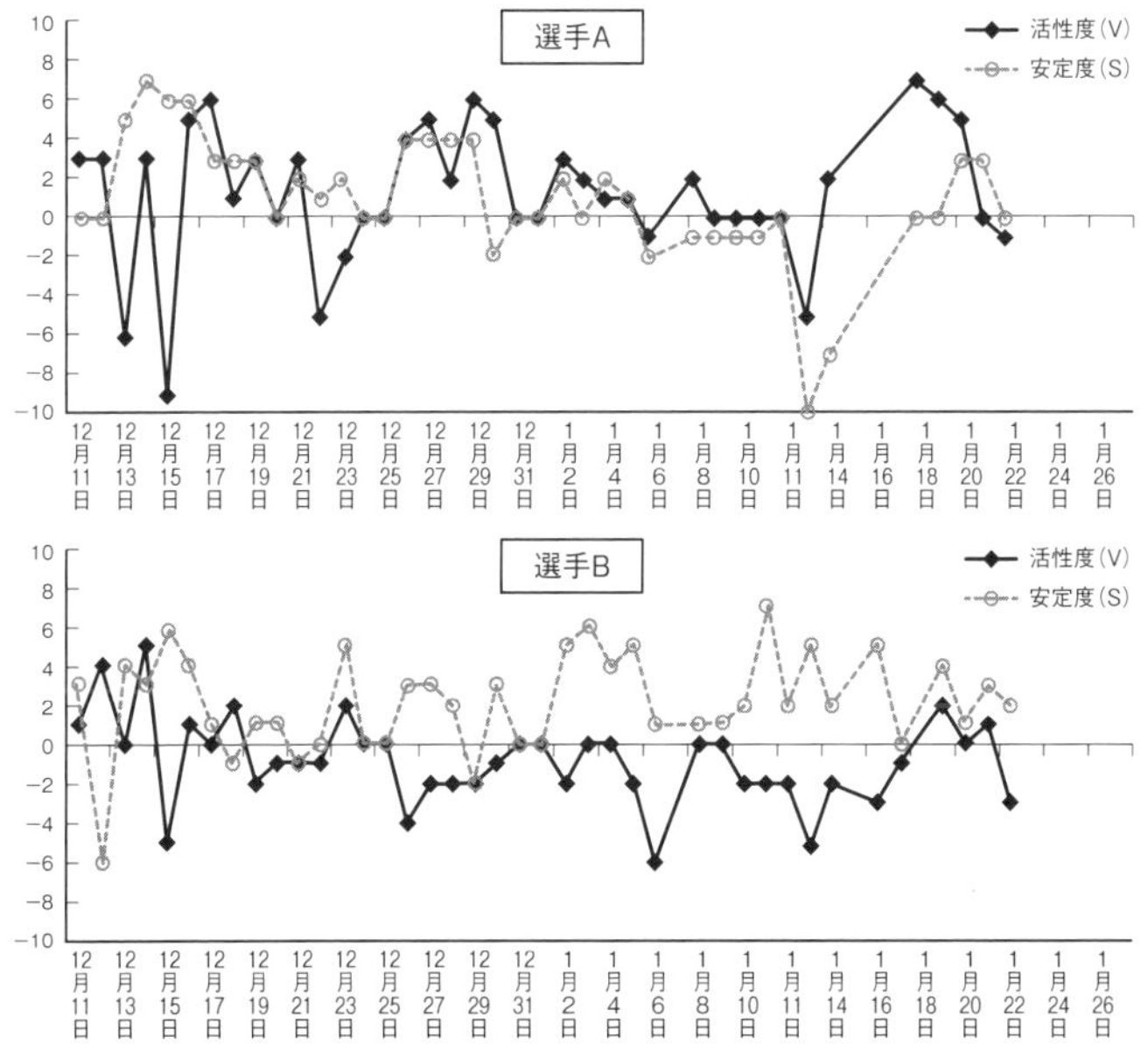

図5　重要な試合前の心の活性度と安定度の変化

指導する必要がある。

3. まとめ

目標とする試合において、選手の望む結果を達成させることがコーチングの第一目的とするならば、選手の心技体をトータルで鍛錬し、心も技も体も試合当日に最もよい状態に持っていくことを手助けするのがコーチの役割である。しかしこれまでの日本のスポーツコーチング現場においては、技と体の鍛錬についてはコーチが請け負うものの、心の鍛錬については選手任せか、非科学的な精神論で片づけるケースが多々見られる。その背景には身心統合に関する科学的知見が欠如していたという実態がある。しかしながら、ＢＡＭＩＳプロジェクトの進展により、身心を統合しスポーツのパフォーマンスを向上させるためのヒントが数多く提示されてきた。このことは日本のスポーツ現場にとっては朗報である。これまでコーチは、体力トレーニングや技術トレーニングに関する科学的知見を多く取り入れて、パフォーマンスを伸ばしてきたものの、心の問題に関しては手探り状態で、どうしたら身心の統合が促進させられるのか確信が得られない状態であった。そこから一歩前に踏み出て、積極的に体から心に働きかける方法を実践することでさらにパフォーマンスが向上することが期待される。

◆文献

・坂入洋右、徳田英次、川原正人、谷木龍男、征矢英昭（２００３）「心理的覚醒度・快適度を測定する二次元気分尺度の開発」『筑波大学体育科学系紀要』26巻、27-36頁。
・高木英樹（２０１６）「私の考えるコーチング論」『コーチング学研究』24巻2号、1-7頁。

第3章　カウンセリングから考える「からだとこころ」

中込　四郎

1. はじめに

今でも印象深く記憶に残っている「スポーツ原体験」とも言えるべきものがいくつかある。その一つは、当時、筆者が通っていた中学校で、新築したプールの落成記念式に、ある大学の競泳部の選手を招いた時のことである。私たち生徒の目の前でそれぞれが泳ぎを披露し、無理のない美しいフォームでひとかきひとかき距離をかせいでいく、その泳ぎの推進力の素晴らしさに私は圧倒されたのであった。スポーツのパフォーマンス（動き）は、私たちのこころを捉える何かがある。高い競技レベルのアスリートのパフォーマンスを運動学的な視点から捉えるだけでなく、心理学的な視点も持ち合わせて見ていくとスポーツの楽しみ方が広がるはずである。

ここでは、パフォーマンスの滞りがきっかけとなり、相談室を訪れたアスリートが、カウンセリングを通して、当初の問題の背景にあったこころの問題や課題に取り組むことによって、抱えていたからだの問題の解決につなげていった事例を紹介しながら、からだとこころの共時的関係について述べる。それは原因・結果といった因果的関係で捉えるのではなく、両者が同期しながら変化していく状況の「意味」を大切にしていく立場といえる。なお以下では、アスリートの「パフォーマンス」を競技成績としてではなく、表出された動きとして捉えている。

2. パフォーマンスと自己表現

速さ、距離、重さ、正確さ、そして強さ等を追求する様々なスポーツ種目でのパフォーマンスには、アスリート個々によって差異が認められる。その多くは、からだ（技術や体力）の違いからもたらされることが多いが、そこに心理学的側面も加えられるに違いない。指導者から呈示されるパフォーマンスや説明が同一であっても、実際に表現あるいは表出されるパフォーマンスは異なっている。そこには受け取る側のアスリートの個性が反映されていると考えられる。物理的には呈示されたものが同じであっても、それによって想起されるイメージはアスリート個々で微妙に異なっている。そこでは、自分なりの解釈が加わり、それまでの経験をもとに表出されるからである。その結果、自分なりの表現方法がとられているのである。したがって、アスリートのパフォーマンスを自己表現として受け止めることができ、また彼らにとってスポーツは自己表現の場とも位置づけられるのである。

日頃からそれぞれの専門種目の中で自己表現しているアスリートたちにとって、こころの表出は、言葉よりもからだを介することが多く、したがって、こころとからだのつながりは他より緊密となっている。その意味で、アスリートのパフォーマンスは、ダンスや広義の舞台俳優のそれと重なるのである。そのように考えると、アスリートは、身体表現の専門家であるともいえる。

ところが、時々、彼らのパフォーマンスに滞りが生ずることがある。それは競技成績の停滞、いわゆるスランプや、身体的には明確な問題を認めることはないが、それまでできていた動作ができなくなってしまうようなイップス（心因性動作失調）と呼ばれる問題行動、さらには、きっかけは様々であるが、抑うつ症状を発症するバーンアウト（燃え尽き）などがある。これらの問題を抱えることによって、競技意欲の停滞、時には競技継続が困難となってしまうような状況を生み出す。

カウンセリングルームを訪れるアスリートの多くは、これらの問題を抱えたことから派生した心理的苦痛（例えば、不安・緊張、焦燥感、モチベーションの低下、他）の軽減、解決を求めて来談する。この時、カウンセリングでは、こころの問題を扱うことから、直接、彼らの動きを改善するような働きかけ、つまりコーチングあるいはティーチングを行うことはない。それは「出来ない」のではなく、「やってはならない」と考える。また、アスリートたちもそれを望んではいないのである。

アスリートの心理的問題を扱うスポーツカウンセラーは、彼らの問題行動であるパフォーマンスの滞りを、「思うように自己表現できていない状況」と見る視点をもって相談に臨んでいる。どのように表現が滞っているのかは、アスリート自身が語るパフォーマンスの状況を手がかりに、彼らのこころにつながっていくことになる。それによって、パフォーマンスの問題の背景にある心理的課題や問題に迫り、そして共有しながらカウンセリングが継続されていく。そこでは、先ほど述べたような滞りからもたらされた「結果」としての心理的問題と同時に、その背景、つまり「原因」の側に心理的問題を位置づける視点がカウンセラーには必要となってくる。一部の問題あるいはアスリートは、意識の奥深いところで、抱えた自身のパフォーマンスの問題の背景に、こころが関与しているのを気づいて来談されることもある。しかし、だからといって早急に心理面からの原因探しをすることは少ない。

中島（1996）はアスリートの身体表現の意味に言及している。そこでは、「豊かな感情的体験が、幅広い身体性を獲得することを可能にする。しかし、ここにおける身体性とは、競技に要求されるような肉体（物質的身体）なのではなく、自らの『全体性』を表現しうる身体であろう。どこまでいっても表現しきれるはずもないが、一部顕在化してくる「動き」や「症状」は、内界で活発化している部分（自分自身の無意識の一部）と考えられる」と説明している。アスリートの身体表現あるいはパフォーマンスは、彼らの内的体験と密接なかかわりをもっており、からだで表現されたものが、時に、こころの有り様について語っている、といえるのである。

以下では、相談事例を断片的に紹介しながら（表1～5：中込、2011）、こころとからだの問題について述べていく。実際の相談の中では、様々な話題が共有されており、表に示された内容以外での展開もなされていることを断っておかねばならない。

3．窓口としてのパフォーマンスの語り

アスリートにとって、カウンセリングルームの「敷居」は高く、「自覚される問題はないが、競技力向上にとって心理面の取り組みも必要」との思いから来談することは極めて稀であり、その多くは何らかの心理的問題が顕在化し、身近では解決できないような時に利用される（その時に訴えられる問題を、カウンセリングでは、「主訴」と呼んでいる）。しかし、主訴の内容は来談するきっかけとしてだけでなく、その後のカウンセリングでの作業においても重要な意味を持っており、ここで述べようとする「窓口」は、後者の方についてである。

〈事例A〉

例えば、表1の事例Aでは、「ものの見方をもっと広げたい。そして、ここぞという時に爆発的な『ちから』を出せるようになりたい」といった主訴で来談した。Aは国際レベルの大会でも活躍していたが、自身の技の幅を今よりも広げ、さらに高い水準でのパフォーマンス発揮を望んでいた。そうした問題に関連する競技場面での具体的な特徴として、「〈組んだ時に〉対戦相手の後ろの空間を利用すれば自身の技の広がりを期待できるが、そのためには一瞬、相手に身を任す必要があるが、それができない」と説明している。そのようなAのパフォーマンスの語りより、面接が重ねられていくにつれ、表に記載されているような意味（象徴的意味）が読み取れるようになっていった。

表1　事例A

付帯情報	主　訴	身体への特徴的言及
女性実業団選手	「精神的にものの見方が狭い。自分のパターンにもっていこうとして、それが外れると対応するのに困難となる。ここぞという時に爆発的な“ちから”を出すことがない」。	「対戦相手の後ろが空いていても攻めきれない。後ろの技を出すことにより前の技が生かされるはず」。
象徴的意味	**相談の中で取り組んだ心理的課題**	**パフォーマンス面でのその後**
あるセッションの中でAは「石橋を叩いて渡るという諺があるが、私の場合は、叩いて叩いて渡れなくしている」と言及した。柔軟な対応や技術面でのバリエーションのなさと重なる。	「もう少しレールに乗った結果でなく、動物的勘でやっても良いのではないかと思う。他のところも順番通りやらないと気が済まないところと共通している」との自己理解を深めていく。	練習メニューやコンディショニングの立て方に柔軟性が増す。その後、世界選手権やオリンピック等で活躍する。

二人の著名なカウンセラーは次のように述べている。その一人の山中（2000）は「窓（チャンネル）とは、クライエントのもっている固有の表現方法」であるとし、カウンセラーがクライエントのチャンネルにいかに合わせる（チューニングする）かが重要であるとしている。アスリートの場合、いうまでもなく、パフォーマンスの語りがチャンネルとなるケースが多い。また、河合（1986）も「その人のもつ『症状』というものは、その人の存在の根本に至る一種の窓口として、もっと尊重すべきではないかと筆者は考えている。それはもちろん、窓口であって存在の本質そのものではない」と述べている。

〈事例B〉

彼らの主張を受けて、再び表に戻り（表2）、事例Bに言及してみたい。Bは慢性的な腰痛を抱

表2　事例B

付帯情報	主　訴	身体への特徴的言及
男子学生選手	「故障（腰痛）していて部活動で満足に練習できず、今後、どのようにしていったらいいのか困っている」。	「いやな痛み。いつも腰のことを思ったり、ストレスになっている」「生活するのがつらい、とてもつらいんです」。
象徴的意味	**相談の中で取り組んだ心理的課題**	**パフォーマンス面でのその後**
周囲からの理解が得られず、また所属集団内での自己の「居場所のなさ」等によるつらさの訴え。	部内を中心とした対人認知の変化、そして自己の劣等性への直面化を果たして行く。	腰の痛みが和らぎ、再び走るようになり、自己ベストを更新していく。痛みを緩和していた針治療が効かなくなる。

え、競技継続の迷いや対応の困難を訴え来談してきた。そして腰の痛みを「いやな痛み。いつも腰のことを思ったり、ストレスになっている。生活するのがつらい、とてもつらいんです」と、相談の当初、カウンセラーに強く訴えていた。このような場合、症状を早急に改善しようとする働きかけを行うと、それは「かかわりの窓」を閉じることにもなり、クライエントの訴えの背景にあるこころの課題や問題から遠ざかってしまうのである。むしろ、クライエントの訴えを大切にしながら共感していく必要がある。消し去りたい症状であると同時にまた、それはクライエントにとって、こころの「守り」ともなっている可能性を心に留めておかねばならない。つまり、からだを通して訴えることにより、こころの一部の思いを果たしているとの見方である。

その後相談が継続されて行く中で、Bは「所属集団内での自身の居場所のなさ」ともいえる、つらさを訴えていった。そして部内での対人認知の変化や現実レベルでの関係の改善がなされていくにつれ、当初のような痛みの訴えが少なくなっていった。このような経過を踏まえると、早い段階で症状を軽減するようなかかわりがなされたならば、クライエントにとってこころのつらさを訴える通路、手段を絶たれてしまい、おそらく、さらにつらい状況をもたらしたのではないかと想像する。

アスリートの相談では、他のクライエントよりもからだにかかわる言及が多く、そこでは、からだのレベルでの訴えとしてだけでなく、こころのレベルからのメッセージが込められていることが多いようである。しかも、アスリートにとってスポーツは最も身近で、大切な自己表現の場となっており、そこでの語りからそのアスリートの有り様をうかがい知ることができるのではないかと考えている。

しかし、彼らのパフォーマンスの語りからそのような意味を了解しながらこころにつながっていくためには、パフォーマンスの語りをそのまま受け止めるのでは限界がある。運動学的視点からではなく、それにはパフォーマンスの語りを聴き手であるカウンセラーがイメージレベル（象徴的レベル）でどれだけ共有できるかが求められる。

4．パフォーマンスの語りの象徴的意味

先に、からだの症状がこころの問題・課題を語っていると述べたが、実は、こころの奥深いところ

での体験を言葉にするのは容易なことではない。私たちはこころで問題を抱えた時、それに向かい合い、こころのレベルでの解決がなされないと、からだのレベルで表出しようとする（身体化）。特に、アスリートは常日頃から、パフォーマンスとして表現する外向きのエネルギーの使い方を得意とし、内に向くエネルギーの使い方が少ない、あるいは一部で苦手としているように感じられる。したがって、アスリートは他よりも身体化しやすいのではないかと考えられる。からだを通して表現されたものを理解するには、象徴的レベルでの受け止めが必要となる。

ユング（1921）は、象徴（symbol）を「さしあたってはそれ以上明瞭ないし的確に言いあらわすことは到底できないような表現」と説明している。この象徴は、既知の事がらをあらわすなんらかの代用物である記号（sign）と対比される。象徴は、こころの中での未知な体験の意味を表現する最良の手段となっており、ゆえに、その象徴的表現を的確に受け止めることにより、アスリートのパフォーマンスを通してもこころの理解に至るのである。さらに、象徴的な表現を通して、ひとはこころの癒しへとつなげていくことがある。

相談室を訪れるアスリートが語るパフォーマンスの問題は、こころの象徴的表現と捉えられ、広義の「身体化症状」と位置づけられる。アスリートのパフォーマンスあるいはからだは無意識からのメッセージを代弁して、こころで抱えた問題を周囲に語っている（理解を求めようとしている）のである。ただし、いき過ぎた象徴的解釈は、こころとからだとの間に固定した対応関係を想定してしまう危険性があり、また、象徴的解釈は因果的ではなく、クライエントの全体性を配慮した上での意味づけでなければならない。

表に示した相談事例におけるパフォーマンスの語りに対する象徴的理解を読み手に了解していただくには、若干の説明を加える必要がある。そこで、二つの事例について、それぞれ加筆しながら説明していくことにする。

〈事例C〉

Cは幼少期から競技をはじめ、国際レベルの大会に出場してきたが、大学生活の後半年にさしかかり、「自信やモチベーションの低下」を訴え来談した。いわゆる「スランプ」の訴えと大きく括れる相談内容と言える。しかし、その背景には個性的なものがある。Cの来談のきっかけの一つに、高校3年時に達成した自身の記録が破られ、来年に控えていた国際試合への出場が危ぶまれたことがあげられる。その時期にCが技術面で抱えていた課題は、「脚のキックが弱くなったと感ずる。コーチからは昔の技術にこだわるのではなく、今に合わせて技術をつくればよいといわれた」と語っている。その後、Cは下半身（キック）の課題だけでなく、上半身、特に手の使い方についても自覚的に技術練習の中で取り組んでいった。このようにCのパフォーマンスレベルでの推進力低下の課題は、来談当初の心理面での推進力とも置き換えられる競技に対するモチベーションの低下とも符合していた。

なぜこの時期にCが競技意欲の低下を引き起こしたのかについては、様々な要因が重なったものと

表3　事例C

付帯情報	主　訴	身体への特徴的言及
女子学生選手	「2年前から成績が伸びなくなり、自信もどんどんなくなっている。こころの面をもっと強くして、来年のオリンピックに向かって頑張りたい」。	「脚のキックが弱くなったと感ずる。コーチからは昔の技術にこだわるのではなく、今に合わせて技術をつくればよいといわれた」。
象徴的意味	**相談の中で取り組んだ心理的課題**	**パフォーマンス面でのその後**
Cの動作レベルでの課題は、推進力に関わるものであり、それは心理面でのモチベーションとも重なる。	幼少期から長く継続してきた競技への主体的感覚やアイデンティティの明確化に取り組んだ。推進力の切り替えを果たすことにより、再び競技に専心していった。	残念ながらオリンピック出場には至らなかったが、久しぶりに自己記録の更新を行うことができた。

考えねばならないが、相談の中で語られた内容を手がかりにすると、次のような説明が導かれる。「高校までは親やコーチから頑張れといわれ、自分のためよりもコーチや親のためにやっていた」と言及している。また、「高校では競技が自分の人生にかかっていると思っていた。大学進学には国際大会で活躍すること」と思っていたCではあったが、「周りを見ると、そんなに高いレベルを目指しているのではないのに、楽しそうにやっている人もいる。大学に来てからは自由が与えられて、その中でやることをやってみようと思うようになった。昔はやらされている感じがあり、練習後の達成感が少なかった。大学では競技の楽しさを感じられるようになった」と、自身の変化に言及している。河合（1992）による「自我の支えが魂の重荷になる」といったこころの有り様にしたがうならば、Cの置かれた状況は、周囲の期待に応えることで競技

表4　事例D

付帯情報	主　訴	身体への特徴的言及
女性実業団選手	「意欲的に練習に取り組めない。この先どのようにしていったら良いのかわからない。一人でいるとむしょうに悲しくなり、泣いてしまう」。	「何か嘘をついて走っている感じ。…〈ロードの練習中〉信号で止まると、このまま止まっちゃうんじゃないかと不安になる」。
象徴的意味	相談の中で取り組んだ心理的課題	パフォーマンス面でのその後
〈企業選手として〉走り続けることが自身の個性化にそっていないことと、走るのを止めることがその後の人生の歩みまで止めてしまうのではないかとの強い不安の訴え。	相談を通して、周囲の、特に父親の期待を背景に走り続けてきた状況から距離がとれるようになり、自身の中で埋もれていた思いに近づくきっかけとした。	企業所属のランナーとしてではなく、市民ランナーとして競技会に参加し、退社後も走り続けた。また、以前から希望していた職種への就職を果たした。

への専心を実現してきたが、競技期の後半にさしかかり、それだけでは推進力の維持が困難となるだけでなく、時にそれが競技継続に対してブレーキとして働いてしまったのではないかと考えられる。そしてその後の継続された相談の中で、徐々にCは競技することそれ自体からの喜びや達成感を得られるようになり、再び推進力を得ていった。このように考えると、Cにおけるからだの推進力の回復は、こころの推進力の切り換えの作業であったと言い換えられるようである。

〈事例D〉

Dも先ほどのケースと同じように競技意欲の低下を訴え来談した事例ともいえるが、やはり異なる個性的な背景がそこには認められた。相談の中では、Dをいわゆる「バーンアウト」（燃え尽き）してしまったアスリートと見立てた。

図1　Dの描画

Dは大学後半より記録を急激に伸ばし、自身の思いとは軌を一にしなかった周囲の期待を受けて、卒業後、企業所属の長距離ランナーとなっていった。最初の2年ほどは、国際大会にも代表選手として出場するほどに活躍していた。しかしその後、練習に意欲的に取り組めなくなっていった。「この先どのようにしていったらよいのかわからない」と訴え、「何か嘘をついて走っている感じ。〈ロードの練習中〉信号で止まると、このまま止まっちゃうんじゃないかと不安になる。止まると脚が震えることがある」と、その状況を語っていた。Dの所属チームはそれほど強制的な練習を課するほどではなかったが、「練習をやらないといけないという思いが強い。それが仕事だから…」と語っていた。また、「練習中、『なんで自分は走っているのだろう』と考えると、呼吸がヒイヒイするようになり、過呼吸の感じになる」と訴えていた。このような状況にありながらも、Dは基本的に、さらに走り続け、チームの合宿に参加したり、大会への出場も果たしていた。

カウンセリングの中でDには図1に示す描画（風景構成法）を勧めた。この作品からは、色々な特徴が連想されるが、中でも特徴的と思われた「道」を中心に述べていくことにする。

ここからはやや専門的なというか、主観的な意味づけとなっていくことを断っておく。まず、素描（下書き）段階でDは道を描き入れることへの強い戸惑いを見せており、「橋を架けたかった。山から、の道があっても良かった」と描き終えた段階で感想を述べている。川によって分割された二つの世界は右側が現実（外的）の世界、そして左側はDの内的な世界を意味する場合がある。橋を架けられない背景には、二つの世界が乖離しているとの思いが少なからずあったのではないか。つまり、自分の思いと現実のズレとも言い換えられる。そして「山からの道」をつけたかったと言及していた。現役アスリートが山との絡みから道に対して付加的な説明をするならば、「山に通ずる道」をつけたかったと述べるのが多いはずである。時には、山の頂上まで登り詰める道を実際に描写する現役アスリートがかなりおり、特徴としている。

筆者には、Dの説明が「山から下りる道」と受け止められた。つまり、Dにとって山は、競技を意味し、いかにして競技引退を果たし、そして次の異なる人生につなげて行くのか、定まっていない状況をイメージレベルで重ね合わせてみた。また、作品の中に描写された道は、二つに大きく分かれて

表5　事例E

付帯情報	主　訴	身体への特徴的言及
男性実業団選手	「(世界選手権での失敗後)試合で集中できない。トレーニングを再開できない。練習場に足が向かない」。頭痛、腰痛、味覚障害などの身体化症状も訴えた。	「いつもコーチの目があるんですよ。コーチの目を意識して、本当に自分がやりたい試合行動とは違っていた。コーチから見られた方が良いと思ってやってきたが、どうしてもそこに引っかかる」。
象徴的意味	相談の中で取り組んだ心理的課題	パフォーマンス面でのその後
自身の技に関する感覚とコーチの見立てとのズレ、そして競技期の終盤を迎え、個性化の課題を突きつけられる。	コーチからの心理・物理的自立を果たし、自身の競技特性や競技姿勢への理解を深めていった。	自己ベストに近いパフォーマンスが出来るようになり、オリンピック代表となった。本番では十分な実力発揮ができず、予選で敗退。

おり、そこでも岐路に立たされている情況が思い浮かぶと同時に、その道が川の手前で切れており、どこに行くのか定まらない状況にあったと考えられた。

面接室の中でのDのパフォーマンスあるいはからだへの語り（例えば、ロードでの練習のエピソード）や描画作品から伝わってきたイメージを考え合わせると次のような理解に至る。企業選手として走り続けることは、Dがこころの底で望んでいる生き方と軌を一にしておらないが、もし「走ること」を辞めたら、その後の人生の歩みまで止まってしまうのではないかとの強い不安を象徴的に表現していたのではないかと受け止めた。

Dとの相談はその後中断してしまった。そして8ヶ月程してから、「とうとう競技生活にピリオドを打ちました。（中略）部を退部いたしましたが、社に残り、元気にやっています。不思議です。競技をやっていたときよりも何か自分らしいような気がします。…」と、便りをしてきた。Dは、しばらく所属企業に一般社員として残り、市民ランナーとして大会にも出場した。そしてさらにその数年後退社し、教員として郷里に戻った。

5．おわりに

事例Eについては本文で言及されることがなかった。本稿のテーマに沿ったパフォーマンスへの語りとそのこころの有り様を考える上で、他とはやや異なる資料呈示となっている。これまで述べてきたこころとからだの多様な水準、側面からのつながりをさらに理解する上で参考にして欲しい。Eは一時的な競技意欲の低下をきっかけとして、カウンセリングではコーチからの自立を課題の一つとして取り組んでいった事例と考えた。

アスリートにとってパフォーマンスの問題は、その背景にこころの課題や問題を共時的に生じさせており、パフォーマンスへの語りはこころの理解につながり、そしてこころの課題や問題への取り組みへと向かっていき、パフォーマンスの問題の解決に役立てることができる。少なくとも、カウンセリングルームを訪れるアスリートにおいては、こうしたからだとこころの共時的関係を了解することが多いと感じている。

パフォーマンスの問題の背景に心理的課題や問題が見え隠れするような場合、運動学的な立場から、表面化したところだけで解決しようと努力を重ねていっても問題を解決するのは難しい。「臭いものには蓋をする」よりも「臭いものは元から絶つ」アプローチを考えねばならない。そこではからだを通して語っている目に見えにくいこころからのアプローチが有効となる。

◆文献

・河合隼雄（1986）『心理療法論考』新曜社。
・河合隼雄（1992）『こころの処方箋』新曜社。
・中込四郎（2011）「アスリートのメンタルサポート」『臨床精神医学』40巻9号、1187-1192頁。
・中込四郎（2013）「競技生活の滞りと「道」の描写」『臨床風景構成法：臨床と研究のための見方・入り方』岸本寛史、山愛美編著、誠信書房、126-144頁。
・中島登代子（1996）「競技者と風景構成法　絵に表現された「無意識」と「身体」」『風景構成法その後の発展』山中康裕編著、岩崎学術出版、183-218頁。
・山中康裕（2000）『こころに添う―セラピスト原論』金剛出版。
・ユング、C・G（1921）『人間のタイプ』高橋義孝訳、日本教文社。

コラム 1

スランプからの回復

江田 香織

スランプとは

長く競技を継続しているアスリートであれば、多くが一度はスランプを経験する。アスリートにとってスランプは身近で大きな問題であるといえる。

スランプの語源は、経済学領域に求められ、景気の沈滞・後退・不景気・暴落などの経済状況に対してスランプという用語があてられていたようである（中込、２００８）。心理学領域では類似の現象として、学習過程で生じる停滞を表すプラトーと区別して、スランプを比較的学習後期に生じる現象として位置づけている。

スポーツ心理学の領域では、古くからこの問題に取り組んできた。Taylor（1988）はスランプを「その選手のそれまでの実績から割り出されるベースラインよりも、説明不可能な低下が認められる時であり、それは自然な成績の変動を超えたもの」と定義している。さらに、その原因として、身体的側面（疲れ、怪我、自覚されない疾患）、技術的側面（フォームの修正）、用具的側面（新しい用具の使

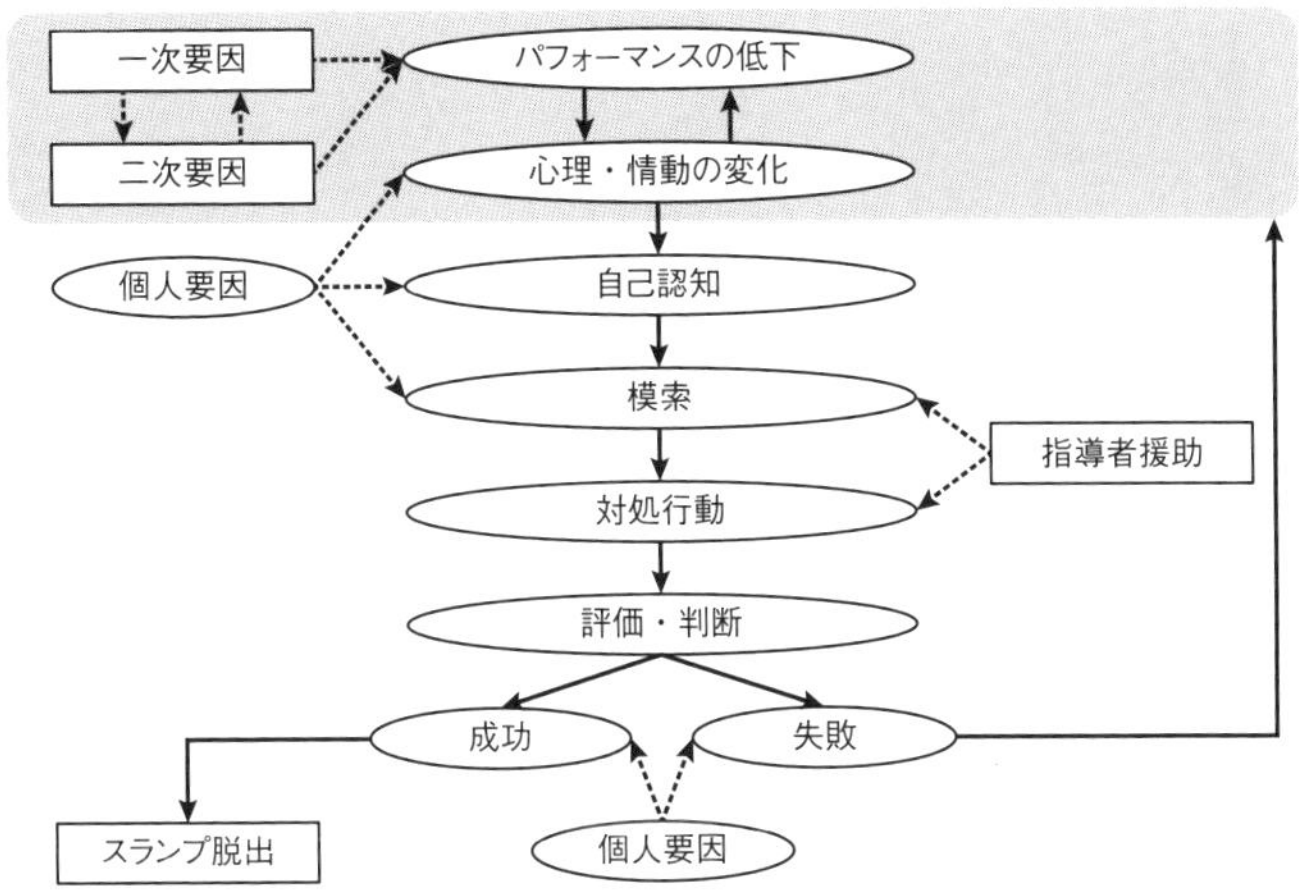

図1　スランプの心理的プロセス（北野、2004）

用）、心理的側面（自信の低下、焦燥感、心的動揺）の四つをあげている。その他スランプのきっかけとして報告される原因として、環境の変化（指導法の違い、所属集団の雰囲気、チーム内の立場の変化）がある。

　ところが、アスリートの心理相談経験を多く持つ中込（2010）は、スランプに陥った当初は原因がはっきりしないことがその特徴であり、そのことがスランプの長期化、そして対処困難にもつながっていると述べている。そして、本人から言及された内容が真の原因（一次原因）であるのか、そこから派生した内容（二次原因）であるのか、定かでないことがしばしばあるとつけ加えている。

スランプの心理プロセス

北野（2004）は指導者やアスリートに対して調査を行い、彼らが語るスランプ時の行動的特徴と心理的特徴を分類し、スランプの心理プロセスとして図1のようなモデルを提示している。この図に表現されているように、一次原因と二次原因はどちらが真の問題で、どちらがそこから派生した問題なのか同定することはできず、明確な原因を明らかにすることは非常に難しい。アスリート本人にとっては、原因がわからないまま、パフォーマンスの低下が生じる。さらにそれに伴って、不安や自信の低下、焦燥感、競技意欲の低下など心理・情動の変化が起こる。図1では、パフォーマンスの低下と心理・情動の変化が双方向の矢印でつながれている。ここからわかるように、これらの心理的変化とパフォーマンスの低下は相互に影響し合い、事態をさらに悪化させている。

そして、本人がスランプであることを認知すると、あれこれと原因について、あるいは対処方法について模索しはじめる。この段階では、指導者やチームメイト等からの客観的な動きの評価や指摘が重要となる。この段階で試行錯誤が繰り返され、対処行動が問題の解決をもたらすことができれば、スランプからの脱出となるが、解決につながらない場合、さらなるパフォーマンスの低下や心理的変化を引き起こし、事態をますます悪化させ、スランプの長期化を招くことになる。

スランプからの回復

鈴木（2004）や中込（2004）はスランプを経験したアスリートへの心理サポート事例からスランプの意味について言及している。鈴木（2004）は怪我やスランプを「内面にある問題が表面化し、競技が首尾よく進まなくなっている状況」と捉えている。中込（2004）も「アスリートは『動作の狂い』を通してしばしば治療者に語っており、それを手がかりとしてクライエントの内的課題を理解していくことになる」と述べている。鈴木（2004）はまた、自身のサポートを振り返り、「アスリートには、その時々で思い悩む時期があり、それがスランプとして表面化するが、それを乗り越えることで人間としても選手としても成長していくことにつながる」と述べている。両者はともにアスリートの内面の課題が競技成績の不振を招く動作の狂いといった形で表面化されていると、その意味を受け止め、そのアスリートの体験的理解につなげ、スランプからの回復過程をサポートしている。彼らが報告した相談事例となったアスリートは、競技の中で動きの課題や怪我をきっかけに、自分自身について問い直す機会がもたらされている。そして、動きの課題や怪我からの回復に取り組む中で、身体レベルで新たな動きの習得や筋力の強化などを行うことを通して、心理的にも自身と向き合う作業に取り組んでいるようである。それゆえ、アスリートにとっては危機ともいえるスランプは、自身の心理面および身体面からの課題に取り組む契機となり、心理的成長をもたらすことにもなりうるともいえる。以上のように、スランプからの回復のためには、彼らの動作の狂いを彼ら自身の内的な課題が表面化したものとして受け止め、理解することが重要であるといった見方も加える必要がある。

◆文献

・北野洋子（２００４）「スランプに陥る心理プロセス」『体育・スポーツのサイコロジー』豊田一成編著、アイオーエム、44-65頁。
・鈴木壮（２００４）「負傷（怪我）・スランプの意味、それらへのアプローチ—スポーツ選手への心理サポートの事例から—」『臨床心理学』第４巻第３号、３１３-３１７頁。
・中込四郎（２００４）「スランプに陥り不安や競技意欲の低下を訴えたスポーツ選手の心理療法」『臨床心理身体運動学研究』第６巻第１号、55-68頁。
・中込四郎（２００８）「スランプ」『スポーツ心理学事典』日本スポーツ心理学会編、大修館書店、６１３-６１５頁。
・中込四郎（２０１０）「スランプ」『ポジティブマインド　スポーツと健康、積極的な生き方の心理学』海保洋之監修、新曜社、57-61頁。
・Taylor, J. (1988) "Slumpbusting: A systematic analysis of slumps in sports." Journal of Sports Psychologist, 2 -1: 39-48.

第2部

体と心の科学

第4章

スローランニングは海馬を肥大させる
――脳と筋肉は同じモノ？

征矢　英昭

1．はじめに

最近のランニングブームは今や若いビジネスマンにも波及しており、皇居の周りを走るランナーは後を絶たない。ランナーの多くは、記録を争いハイペースで走るだけでなく、マイペースでゆっくり走っているようだ。皇居ランナーはやりがいや生き甲斐（自己効力感）を感じているとする調査と重なり、ランナーの脳や精神に運動効果が及んでいることは容易に想像がつく。

これまでの、「からだに良いから運動しよう」というプロモーションは、米国スポーツ医学会（ACSM）（Garber et al., 2011）を発信源としている。そこでは、健康増進を促す運動条件として「ややきつい」と感じ、心拍数は110～130拍／分前後に相当する中強度運動を推奨している。この運動を週2～3回行うとやがて代謝が盛んになり、メタボリックシンドロームのリスクが減るという。しかし、スローランニングのように「かなり楽」と感じる超低強度運動のエヴィデンスは極めて少ない。

これまで、中強度運動の方が効果的とされてきた骨や筋、肝臓など末梢の臓器とは異なり、脳・精神機能にはだれにもできる運動（ランニング）が効果的であることは、体験知からではあるが、既に70年代に示唆されている。フレッド・ロヘは、ランニング時の自らの精神的体験を『Zen of Running』として著し（Rohe, 1975）、世界的なランニングブームを後押しした。誰でも、自らの快適ペースでゆっくりとランニングを行えば、禅と同じように瞑想できるという。私自身もランニング中に頭が冴え渡り、色々なアイデアがわき上がるという体験をもつ。しかも、とても前向きな気持ちになれるので仕事に利用している（この状態は、マインドフルネスと呼ばれている）。おそらく、注意、集中が高まるだけでなく、創造に繋がる認知機能の働きも盛んになるからだろう。この認知機能は、前頭前野（思考や創造性を担う脳の最高中枢であると考えられている）や海馬（記憶の形成に重要な脳の部位）が担う脳機能として知られる。これらが学習、ビジネス、スポーツなど人のあらゆるパフォーマンス発揮の基盤として重要であることはいうまでもない。最近、この機能が加齢やアルツハイマー病、さらに鬱病などで共通して低下することがわかり、その改善に向けた研究が盛んに行われるようになった。運動が認知機能を高める効果は、脳科学でも重要なテーマとなっている。では、果たしてスローランニングは脳や精神を変える力をもつのだろうか。

運動と認知機能に関する研究は当初、イリノイ大学のクレーマー教授たちが先導した。中〜高強度の運動を週3回程度、6ヶ月〜1年続けると、海馬や前頭前野に関係した認知機能が高まり、肥大も

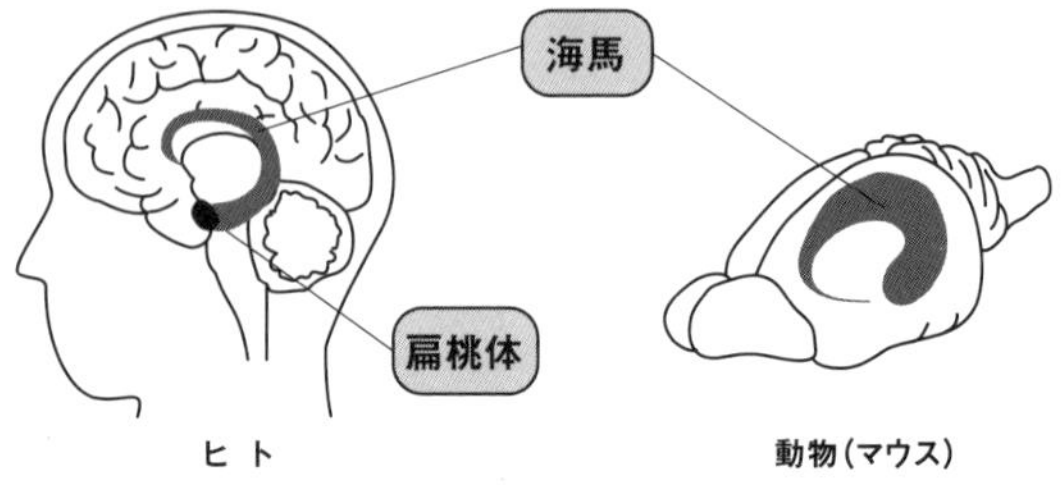

図１　ヒトと動物の海馬

起こすことを明らかにした（Colcombe et al., 2004 ; Erickson et al., 2011）。以来、多くの運動研究があるが、低強度運動に着目した研究はほとんどみられない。一方、動物では輪回し運動を行うラットやマウスの走行距離に応じて海馬の構造・機能が変わり、記憶能を高める効果に多くの研究が積み上がっているが、肝心の運動強度の影響は無視されている。我々はその疑問に迫るべく、１９９６年以来、スローランニングがラットの海馬に及ぼす効果を米国ロックフェラー大学と共同で研究に着手した。この研究でラットを用いたのは、人を用いた研究には方法論的に限界があるからだ。

海馬は、学習した事柄を記憶するために不可欠なだけでなく、場所ニューロンをもつことから、空間的な位置関係を把握する、いわゆるナビゲーション機能をもつことで知られている。動物が一定のリズムで歩いたりするとこの場所ニューロンが興奮する。これは、危険回避や餌探しを適切に行う上でも重要となる。我々は２００７年に世界で初めてスローランニングがラットの海馬を活性化し、ＢＤＮＦ（脳由来神経栄養因子。神経細胞の成長にかかわる）を誘導することを世界に先駆けて発信した（Soya et al., 2002 ; Soya et al. 2007a）。また、２００４年以来「脳フィットネス」を提唱（征矢、２００４）。楽しい軽運動による脳の活性化やリモデリング（再構築）によってストレスを乗り越え、快適な気分をもちながらいきいきと生きることを実現しようと研究を積み上げてきた。運動すれば、気分の好転、抗ストレス、抗不安・抗鬱作用、さらには学習・記憶能の向上など脳・精神機能の向上が見込めるからである。その際我々は、「脳が筋と同様に運動で変わる臓器である」というコンセプトを掲げることにした。

低強度運動が脳に与える効果が解明されれば、中強度運動に代わる手軽で楽しい新たな運動プログラムが提起できるかもしれない。そこで、我々はＢＡＭＩＳ研究プロジェクト（２０１０～２０１３）を通じてこの仮説を検証し、低強度、さらには超低強度運動でも海馬を肥大させ、認知機能を高めることを明らかにした。ここではその一端を紹介したい。

２．スローランニングの動物モデル

① 難しい運動強度の設定

スローランニングの効果を脳で詳細にみるには、実験動物を用い、人にもあてはめることができる運動強度で走らせ、その際の脳内での神経活動を調べるほかにない。

実験動物の中でもラットは自発的によく走る動物でこれまで多くの運動実験に用いられてきたが、ランニング速度（＝強度）が「スロー」であるかどうかの評価は簡単ではない。人ではＡＣＳＭが定める運動強度が国際標準となっている（Garber et al., 2011）。中強度運動とは最大酸素摂取量の46～63％、つまり5割程度の運動強度を指し、それ以下は、最大酸素摂取量の37％までを低強度、さらにそれ以下を超低強度としている。中強度運動を行うと、心臓や呼吸の動きが活発化し、代謝も盛んになる。また、筋や肝臓にある貯蔵糖（グリコーゲン）が燃え、乳酸利用が高まる。その際、血中乳酸値が急激に増加することから、専門家はこの運動強度を乳酸閾値（ＬＴ：lactate threshold）と呼んでいる。

スローランニングはおそらく、低～超低強度運動に相当する。だとすれば、最大酸素摂取量の37％前後の速度がスローランニングの速度ということになる。これをラットにあてはめてスローランニングの速度を求めるには、ラットの個々の最大酸素摂取量を求めなければならない。しかし、これは人でもこれ以上走れない状態にまで追い込む中で得られるもので、動物での測定は極めて難しいとされている。そこで、我々は最大酸素摂取量に頼らず、最大下の運動（簡単に走れる運動を用いた検査法）で評価できるＬＴ（乳酸閾値）を利用して求めることにした。

ところで、ＬＴ強度の運動とはどんな運動なのだろうか？　ヒトや動物のＬＴは負荷を増やしながら行う運動テストによって評価することができ、運動中、強度が上がるにつれ血中の乳酸値が急激に増加し始める強度（最大酸素摂取量の50％前後）として求められる。興味深いことに、ＬＴ強度を少しでも超えると、ストレスホルモンとして知られるＡＣＴＨ（副腎皮質刺激ホルモン）やコルチゾール、更にアドレナリンなどが血中に分泌される。これらは脳の底部にある視床下部の興奮に端を発して生じるものだ（勝田・征矢、２０１５；Saito and Soya, 2004）。つまり、運動はＬＴ強度を越えるとストレスとなることから、運動もこの条件を満たせばストレスとなる（運動ストレス）。運動ストレス時には、運動野など大脳皮質からはもちろん（トップダウン信号）、活動する筋群（正確には筋、腱、関節など）から発せられる信号（ボトムアップ信号）。これは脊髄の中を通る）がともに視床下部に入り、そこでの神経興奮を促すと考えられている。視床下部の興奮は、解剖学的に視床下部直下に位置する内分泌線（下垂体前葉）にホルモンを介して伝わり、そこでＡＣＴＨの分泌を促し、さらにそれが血液を流れて副腎（皮質）へと伝わり、最終的なストレスホルモンであるコルチゾールを分泌させる。また、視床下部の興奮は脊髄を降り、さらに神経を介して副腎（髄質）に伝わり、そこからアドレナリンを分泌させる。医学・生理学領域では、ＡＣＴＨ応答の有無でストレスかどうかが判断され、これまで膨大な研究が行われている。

一般に、運動処方では、ＬＴを少し超える中強度で20～40分、週3日ほど運動することで健康体力が増進するとされてきた。しかし、ストレスの観点からみた場合のＬＴ強度とは、運動がストレスになるかどうかを決める指標としても読めることがわかる（勝田・征矢、２０１５）。健康増進のための多くの運動プログラムはこのLT強度を基盤としており、「ややきつい」と感じる運動でもある。このように、少しだけストレスになる運動であることから、運動の継続にはマイナスに働くことが容易に想像できる。

② ラットのLT速度の決定

ラットのような実験動物において、スローランニングの速度を決めるにはLTの決定が不可欠となる。しかし、走るラットから連続採血する必要があるため測定が難しく、我々の研究以前にLTを特定した者はいない。そこで我々は、予め練習させておいたラットを1時間程度の麻酔下におき、心臓の直上にある静脈内に微小シリコンカテーテルを埋め込んだ。この手術が15分以内にできれば体へのダメージも少なく、2日後には、食事も体重増加も正常化し元気に走れるようになる。そしてランニング中、このカテーテルから僅かな血液を連続採取できるようになり、血中の乳酸値やストレスホルモン濃度を測定できる。

図2（左）は速度を増していく運動テストで求めた世界初のラットLT速度である（この評価法は2001年に初めて傾向をつかみ、2007年には、それに基づく運動ストレスモデルを確立した）（Soya, 2001：Soya et al., 2007b）。ラットに予め走行学習を施した上でこの運動テスト（速度漸増法）を行った。速度は3分おきに増やし、その都度カテーテルを通じて少量の採血（50 μl）を行い、血中乳酸値を求めた。乳酸値は人と同様。急激に増加し、その閾値を求めると、分速20 m付近となった

（Saito and Soya, 2004）。

そこでLTを境に、速度漸増法を用い、LT以下とLT以上の速度で10分ずつ走らせ、その際の血中ACTHやアドレナリン値が人と同様に増加するか、すなわちストレスホルモンが増加するかを検討した。その結果、人と同様、ラットでもLTを境に乳酸値の増加に加え、ストレスホルモンの増加を確認した（Saito and Soya, 2004；Soya, 2001；Soya et al., 2007b）。これにより、ラットのLTは人と同様、中強度として評価できることが明らかとなった。この運動モデルを使えば人と同様に生理学的な低強度運動の効果を検討できる。

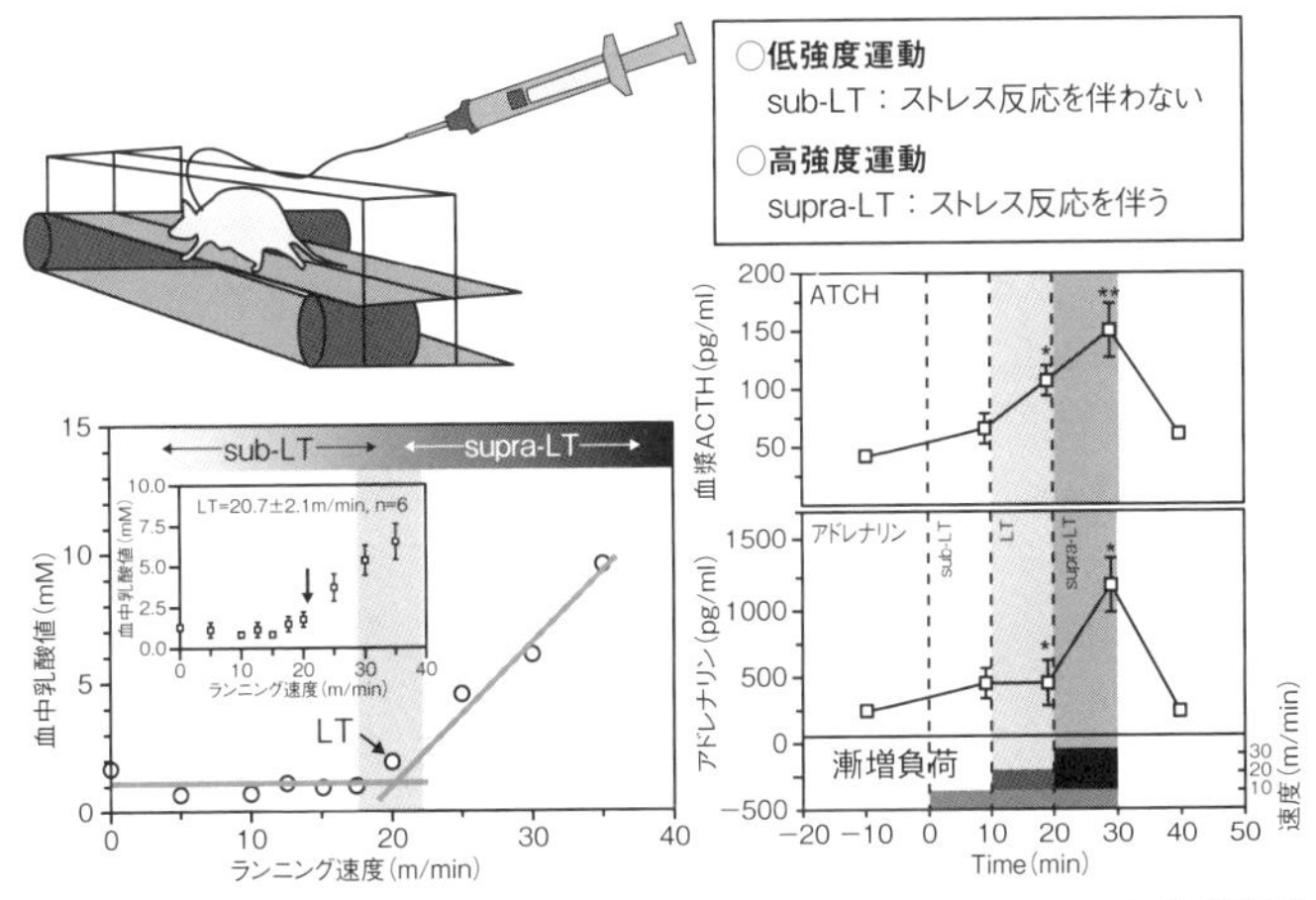

（Soya et al., BBRC, 2007a；Soya et al., Neurosci Res, 2007bより著者改変）

図2　LT を基準とした動物の運動ストレスモデル

③ スローランニングの速度

人はもちろん、馬でもネズミでもそのロコモーション（移動運動）の形態は移動速度の違いで変わる。人の場合、ゆっくりとした速度ではどちらかの脚が常に地面にあるが、速度が速まると両脚が空中に浮く局面が現れる。これをランニングと呼ぶ。多くの運動プログラムで使われる中強度ランニングとは、時速6〜7㎞前後とされ、時速4〜5㎞の歩行との間にスローランニングが位置すると考えられている。一方、既に述べた通り、スローランニングが低〜超低強度運動に相当し、最大酸素摂取量の37％が基準となる点も重要である。これはラットのLT強度が分速20ｍであることから言えば、分速15ｍ前後に相当する。人は誰でも歩き、ゆっくり走ることができるが、ラットでも1週間程度の学習で分速10〜15ｍは楽にできることを考えるとこの速度は理にかなっている。こうして、走るラットからLT速度を決定することで初めて低強度運動＝スローランニングを生理学的に定義することができた。

3. 異なるランニング速度からみた脳の活性度比較

① 視床下部と海馬の比較

脳の神経活動はふつう脳内に電極を入れ、神経細胞の興奮現象を電気的に記録する方法が知られるが運動時はうまくいかない。そこで、運動後に脳を摘出して神経細胞興奮のマーカーとなるc-fosという遺伝子（mRNA、DNAに刻印された遺伝情報を転写し、複製するための最初の伝令機構を

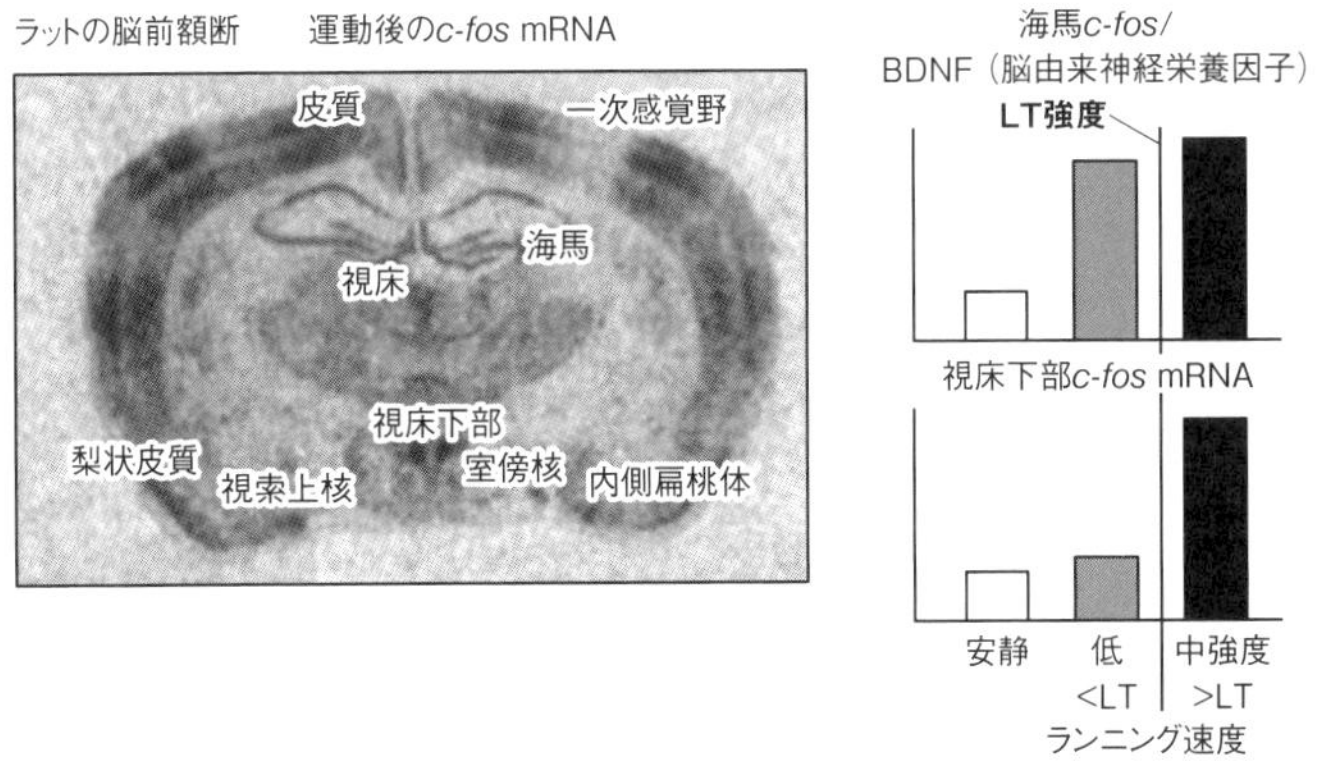

（Soya et al.,Neurosci Res,2007a; Soya et al., BBRC, 2007b; 未発表資料などより著者改変）

図３　運動時の視床下部と海馬の興奮性の比較

担う。神経細胞の活動性の指標として用いられる）が発現するかどうかを調べる方法をとった。図3（左）の脳切片で示されるとおり、明暗の違いがc-fos遺伝子発現の強弱を示す。

その際、スローランニング時の脳の活動をみるには中強度（中速度）に相当するランニング（いわゆる運動ストレス）との比較が不可欠となる。そこで、トレッドミルを走らせるラットの運動モデルを用い、脳の神経活動がどうなるかを中強度と低強度（スローランニング）とに分けて比較・検討を行った。ラットを30分走らせ、直ちに脳を摘出。10㎛の脳切片を作成し、c-fos遺伝子がどの脳部位でどの程度発現するかを明暗のビット数をカウントする画像解析から評価した。図3は、LT以上のランニングでの典型例を示している。明らかに、大脳皮質、海馬、視床、視床下部などの神経核が黒く染まって見える。これは神経核

(何らかの神経系の分岐・中継点となっている神経細胞群)に局在する神経細胞でc-fos遺伝子発現(転写)が高まったことを意味し、これら神経細胞の興奮が想定される。

興味深いことに、視床下部では、中強度で運動した時にだけc-fos、mRNAを強く発現させたが、海馬では低強度でも十分c-fos、mRNAの活性化がみられた。この明らかな違いを説明するには、海馬や視床下部と密接に関係する脳幹の働きをみる必要がある。

② 脳幹網様体賦活系と海馬

脳幹は、生命維持にかかわる脳部位として知られており、呼吸や心臓の働きを支配している。この神経付近に生じるクモ膜下出血が死をもたらす所以はそこにある。また、脳幹(中脳、橋、延髄からなるが、その内の前者二部位)には、そこを基盤として前頭葉を活性化する機構(RAS:上行性網様体賦活系)がある。その機構を担うのは、ノルアドレナリン、セロトニン、ドーパミンなど神経伝達物質といわれるモノアミンである。これらは、主に脳幹(中脳、橋、延髄)の神経で作られ、そこから神経(軸索や樹状突起)を通じて様々な脳部位(大脳皮質など)に運ばれ分泌されることで、そこにある神経核を活性化する。これが脳の覚醒と睡眠のリズムを調節するシステムとして働いている。

鬱病患者の3割程度は脳幹の機能が低下するとされ、覚醒—睡眠リズムも乱れる。精神科領域では抗うつ薬を投与し、セロトニンやノルアドレナリンの作用を高める事で、シナプスにおける情報伝達を促進する。その結果、3~6週間で効果がみられることが知られている。これはRASの機能を高

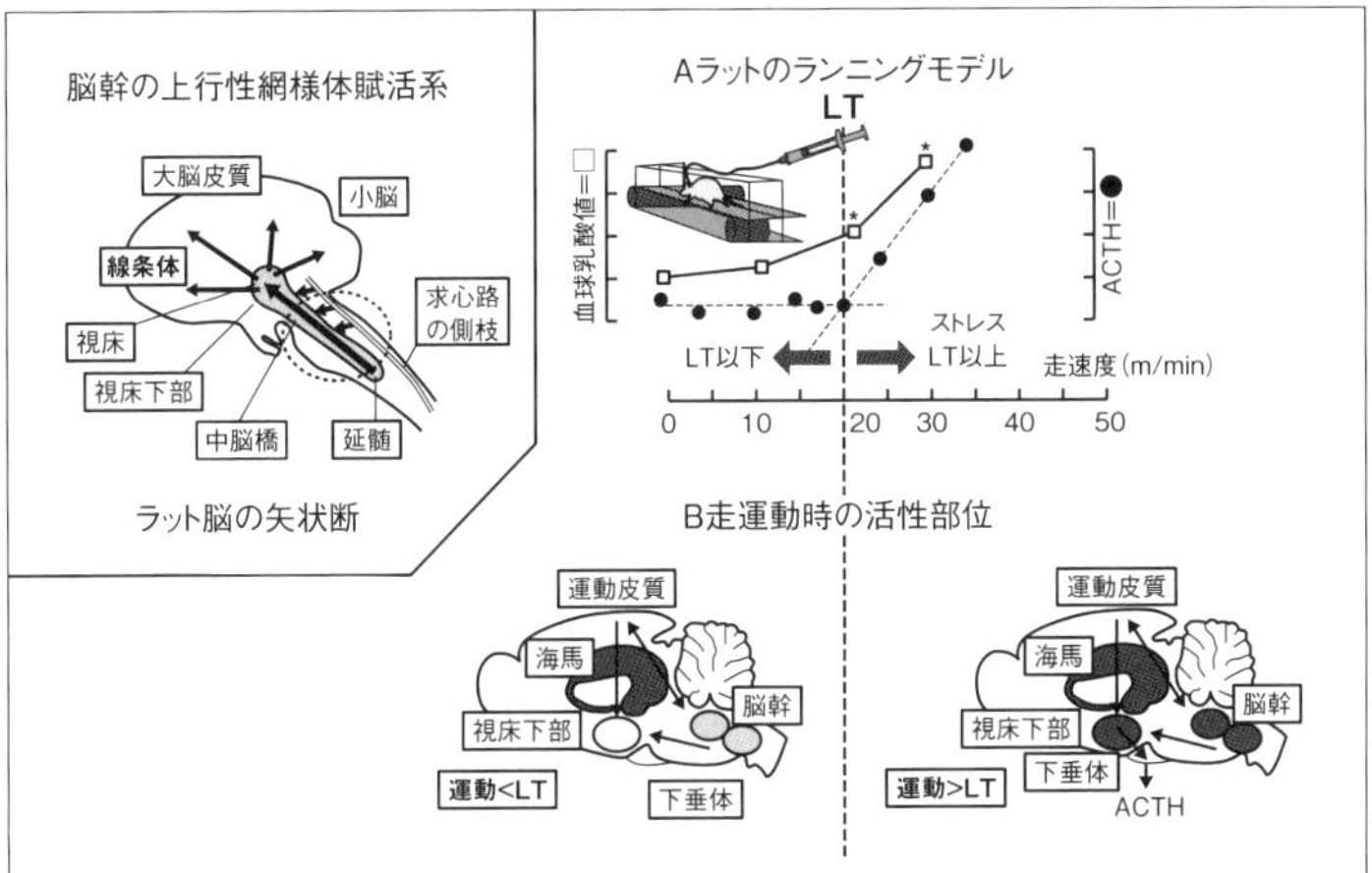

(Satio & Soya, 2004；Ohiwa & Soya, 2007; Soya et al., 2007a; Soya et al., 2007bより著者改変)

図４　運動強度に依存した脳神経活動

める効果を利用している。この向精神薬効果は運動でも生じる。ある運動条件では脳内セロトニンやノルアドレナリン、ドーパミンの代謝を高め、ＲＡＳを活性化するからである。

この機構がスローランニングでも活性化するとすれば、海馬が低強度で活性化する脳内メカニズムを解く鍵になるかもしれない。しかし、その機構は依然、明らかではない。我々の研究では、脳幹から前脳へと、脳内ノルアドレナリン作動性神経（神経間の情報伝達にノルアドレナリンが使われる）はＬＴ以上でないと活性化しない。今後、セロトニンやドーパミンの動態や関与を調べる必要がある。

4．スローランニングでより活性化する海馬の神経と脳由来神経栄養因子

海馬の神経はLT付近の中強度ランニングよりも、LT以下のスローランニングで活性化する。また、神経の発生、分化、そして生存維持に重要な役割をもつBDNF（脳由来神経栄養因子）はスローランニングで増加した。BDNFが急性に高まるのは、おそらく神経細胞の興奮とリンクして自動的にその発現が高まる性質によると考えられる。

BDNFが海馬で発現することは1995年、カリフォルニア大学アーバイン校のコットマン教授のグループが、輪回し運動をするネズミの海馬で報告している（事実上、これが世界初）（Neepr et al., 1995）。BDNFは神経の発育や発達に不可欠なホルモンの一種で、アルツハイマー病で大きく減少することからBDNFを増加させる生理的な要因の掘り出しに注目が集まっていた最中、このリポートは医療やリハビリ分野に衝撃を与えた。運動が脳機能とりわけ認知機能の維持・増進に効果をもつ可能性が期待されるからである。

著者は当時（1996）ロックフェラー大学のマキュアン教授の下に留学しており、コットマン教授の発見は現地でマキュアン教授から知らされた。というのも、そこでの我々の共同研究テーマが、「低強度運動による海馬BDNFの発現動態の解明」であったからだ。まさに先を越された形となり一瞬ひるんだが、すぐに冷静さを取り戻した。輪回し運動ではそれがどんな強度の運動かを明らかに

できないからだ。そこで、すぐに低強度運動での詳細な条件検討を開始した。

ＢＤＮＦの発現を海馬で詳しくみるには、脳の切片上でＢＤＮＦの遺伝子の発現や動態をみる必要があった。脳は機能の異なる多くの部位に分かれており、海馬もアンモン角（ＣＡ１－ＣＡ３）と歯状回（ＤＧ）とに分かれ、異なる機能をもつことからどの脳部位でＢＤＮＦが増えるかを特定する必要がある。研究成果の一部はまず２００２年のアジア大会（釜山）を記念した国際スポーツ科学会議（２００２）のシンポジウムで初公開した。その後も追試に長い時間を要したが２００７年にＢＢＲＣという国際的な速報誌に報告した（Soya et al., 2007a）。既にこのテーマに関する研究は活況を呈し、ＢＤＮＦが運動（特に輪回し運動）で増えるとする論文は数十を超える程になっていたが、幸い低強度でより増加するとする論文は何とか世界の先陣を切ることができた。

この論文により我々は初めてスローランニングでも十分海馬の神経を刺激しうることを示したことになる。これまで脳の活性を示す研究はゲッシ類（ラットやマウス）の輪回し運動によりなされており、運動量として走行距離しか検討されず、どんな運動条件（強度や時間など）が効果的かは明らかではなかった。我々は、さらなる確証を得るためにもう少し生理学的な手法で運動中の海馬の興奮を捉えることにした。

5. 海馬の局所血流からみた神経活性

人でも動物でも、生体さながらの状態で脳内の神経活動を調べる方法として、現在、fMRI（機能的核磁気共鳴断層画像法）やfNIRS（機能的近赤外分光分析法）など、局所血流の変化から間接的に神経活動の相対変化をとらえる手法が定着している。これらの手法は、神経の活動が高まると、隣り合う血管が弛緩し、局所血流が増加する「神経-血管連関（neuro-vascular coupling）」の原理に基づいている。そこで我々も、海馬内に局所血流量を測定する微小センサーを埋め込み、運動時の局所血流の変化から海馬の活動を調べることにした。

海馬に限らず脳には神経と血管、そしてその間をとりもつグリア細胞（アストロサイトなどの、神経系を構成する神経細胞以外の細胞の総称）の三組構造が共同で働いている（図5参照）。神経が興奮すると、シナプスを介して隣り合う神経に信号が伝わる。その際、神経が放出するNO（一酸化窒素）やアストロサイトが放出するATP（細胞の直接的なエネルギーとして知られるが、血管を広げて血流を増やす効果ももつ）などが近傍の血管を弛緩させ、その部位でのみ局所血流が増加する。これにより、活動する神経が必要とする酸素と栄養（ブドウ糖）を効率的に供給できる。つまり、海馬で局所血流が増加するのは神経興奮の結果であり、血流の増加が神経を興奮させるものではない。また、運動すると心臓の働きが高まり全身の血流とともに脳全体の血流も増加するが、これは神経活動

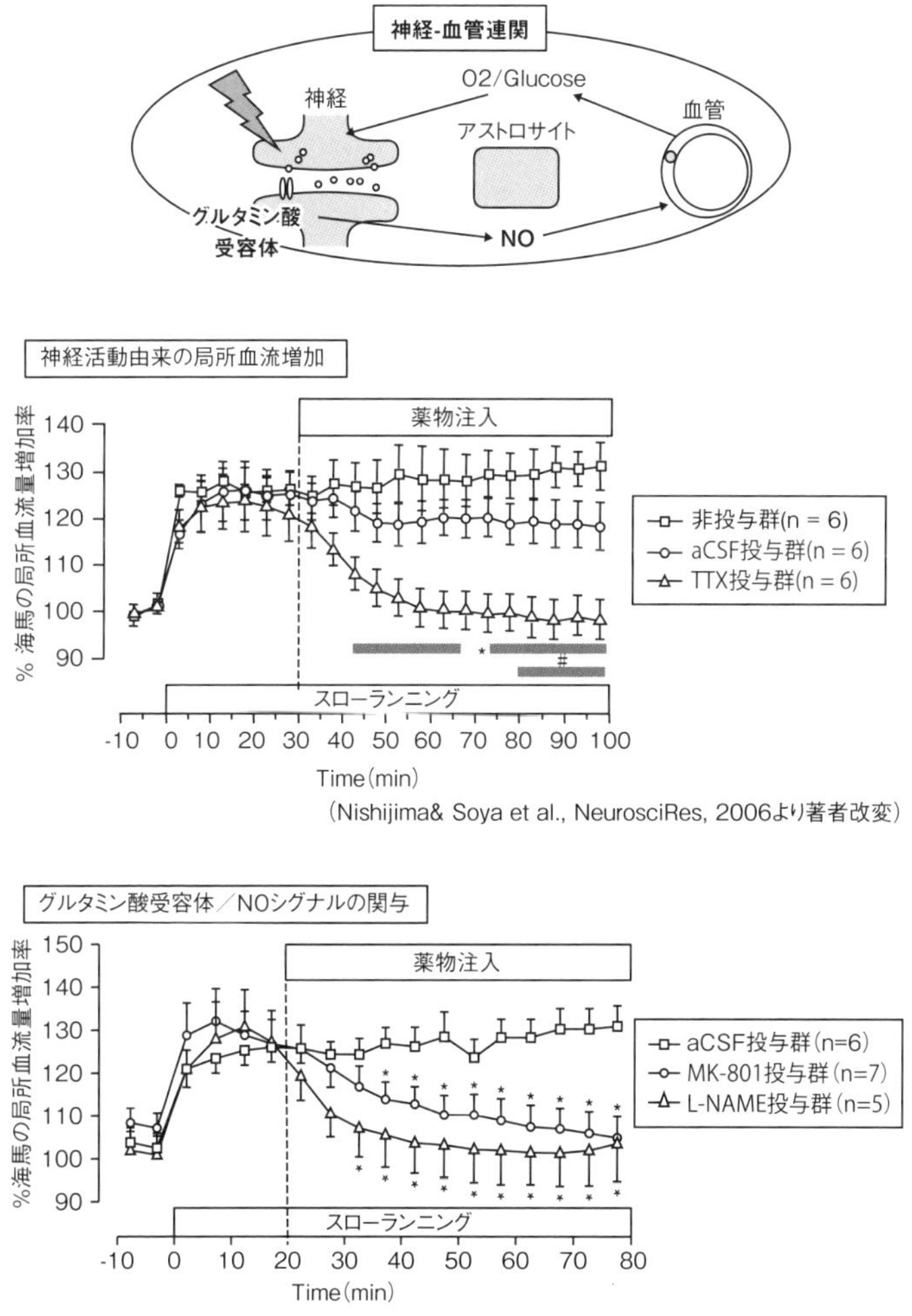

図５　低強度ランニングで活性化する海馬の神経活動

が増加した結果ではない。そのため、運動時に増加する海馬血流の増加が果たして神経興奮によるか否かを検証する必要がある。

実験ではラットにスローランニングを1時間行わせた。図5に示す通り、海馬内の血流量（アンモン角とよばれる部位、CA1の血流を測定した）は安定して25％程度の増加がみられた。その際、海馬内に神経細胞の興奮を阻害するTTX（テトロドキシン、フグ毒）を注入すると、増加した海馬血流が大きく低下し安静レベルに戻った。これはランニング中の海馬で神経興奮が生じたことを意味する。では神経‐血管連関は起きているのか？ 海馬の神経ではうまみ成分の素として知られるグルタミン酸を仲介役として神経間の伝達（シナプス伝達）を行うことから、グルタミン酸によるシナプス伝達を阻害することで同じ血流低下がみられるはずだ。また、最終的に血管の弛緩がNOガスによるかどうかはNO合成を阻害すればよい。実験では、MK801（グルタミン酸受容体阻害薬）やL‐NAME（NO合成阻害薬）を運動中のラット海馬内に投与した。その結果、予想通り、25％程度増加していた海馬の局所血流がTTXの投与時と同様、基礎レベルまで低下することを突き止めた(Nishijima et al. 2012)。これは、スローランニングが海馬の神経を興奮させることを意味する。運動時の海馬血流の増加はその結果起こるもので、その際、アストロサイトの重要な役割（血管の弛緩）も明らかとなった。

海馬の神経は中強度運動でももちろん興奮し、さらに高強度でも一応は興奮する。しかし、その割合は頭打ちになる傾向がある。視床下部との比較からいえることは、同じ脳でも役割の違う両者は、運動に対する興奮閾値が明らかに異なり、海馬は運動に対してより簡単に興奮しやすいことを示唆している。このメカニズムは不明だが、生物学的、生理学的意義はどこにあるのだろうか？

ちなみに、脳のアストロサイトは、1000億あるとされる神経細胞のさらに10～50倍あり、これまで不明とされてきた機能も次第に明らかになりつつある。神経の隣に位置付き神経活動を支援する働きとして、近傍の血管を緩めるだけでなく、グリコーゲンを乳酸にまで分解し、それを神経に配給する役割をもつ。我々は最近、それが運動時に起こることを世界で初めて証明した（Matsui et al., 2011）。運動は、神経だけでなく、アストロサイトを興奮させ、神経の活動をサポートする。その際、心筋細胞や遅筋線維（骨格筋を構成する線維タイプ。他に速筋線維がある）ではあたり前の乳酸利用を高める点が興味深い。

6．脳科学からみたスローランニングの意義

スローランニングとは生体にとってどんな意義をもつのだろうか？

動物界でマラソンのように激しく長く運動する動物は人間だけに限られる。最近のスピードマラソンは2時間2分台。全力の80％を越える強度で走る。ハーバード大学のリーバーマン教授らは、人は

犬や馬などの四足動物に比べ長時間になるほど（運動が15分以上持続すると）エネルギー効率が良くなり、長時間走れるという論文を発表し、世界を驚かせた（Bramble et al., 2004）。"Man is born to run" 人は生まれながらにして走るよう設計されているという。直立二足歩行それ自体が物理的な効率に優れ、体温調節機構もそれを支援することを理由にあげている。しかし、我々の研究成果からいうと、人も四足動物もゆっくりと長時間移動すること（＝スローランニング）には多くの利点があるとみたくなる。

東アフリカのサバンナ、とりわけセレンゲティ（終わりのない草原）では、ヌーなど草食動物は水を求め、何時間もゆっくりと移動する。その際に視覚、聴覚など五感を働かせるが、それらの情報はすべて感覚信号として、まず脳が知覚する。海馬（あるいは扁桃体と海馬）はその際の認知情報を統合処理し、恐怖や不安などの情動や記憶形成を促すだけでなく、海馬に備わる場所ニューロンがナビゲーション役を務め、適切な方角へと導いてくれる。つまり、ゆっくりと移動すること（＝スローランニング）により海馬の場所ニューロンが活性化し、水のある場所をしっかりと記憶できるようになっているのではないだろうか。また、歩いたりゆっくり走ることには、欲から解放され、行動に集中できるというメリットが隠されているかもしれない。既に述べたように、スローランニング時には視床下部の神経は眠っている。反対に、視床下部とつながりをもつ脳幹や海馬が興奮していることからすると、実際には興奮できるのに何らかの機構により抑制されているのかもしれない。視床下部は欲の脳ともいわれることからいえば、この神経が眠ることで、のどの乾きや空腹、そしてストレスを感じずにすむというメリットもある。一方、運動中認知機能を司る海馬は抑制されることなく活動できるので、認知を働かせる運動や仕事にはうってつけとなる。

前述した実験において、海馬の局所血流をみると、スローランニング中、海馬の局所血流は落ちることなく増加し続けた。この事実は、間接的証拠ながら前述の大いなる仮説を支持してくれる。少なくともスローランニングには、海馬の活動を高める効能がありそうだ。

7．スローランニングで海馬神経新生が高まる

スローランニングで海馬が活性化することが事実なら、それを繰り返すことで海馬に構造的、機能的な変化（トレーニング効果あるいは生物学的適応）が起こっても不思議はない。

コットマン教授たちが輪回し運動で海馬ＢＤＮＦ発現を報告した直後（Neepr et al., 1995）、米国サンディエゴのソーク研究所のゲージ教授たちはさらに大きな発見を成し遂げた（Kuhn et al., 1996 ; Eriksson et al., 1998）。脳神経はそれまでおよそ一世紀の間、大人になったら新たに産まれることはないと信じられてきたが、その定説を覆し、海馬では生涯にわたり神経が増加しつづけることを明らかにした。これは、成熟海馬神経新生（以後、神経新生と呼ぶ）と呼ばれ、その増加率は豊かな環境

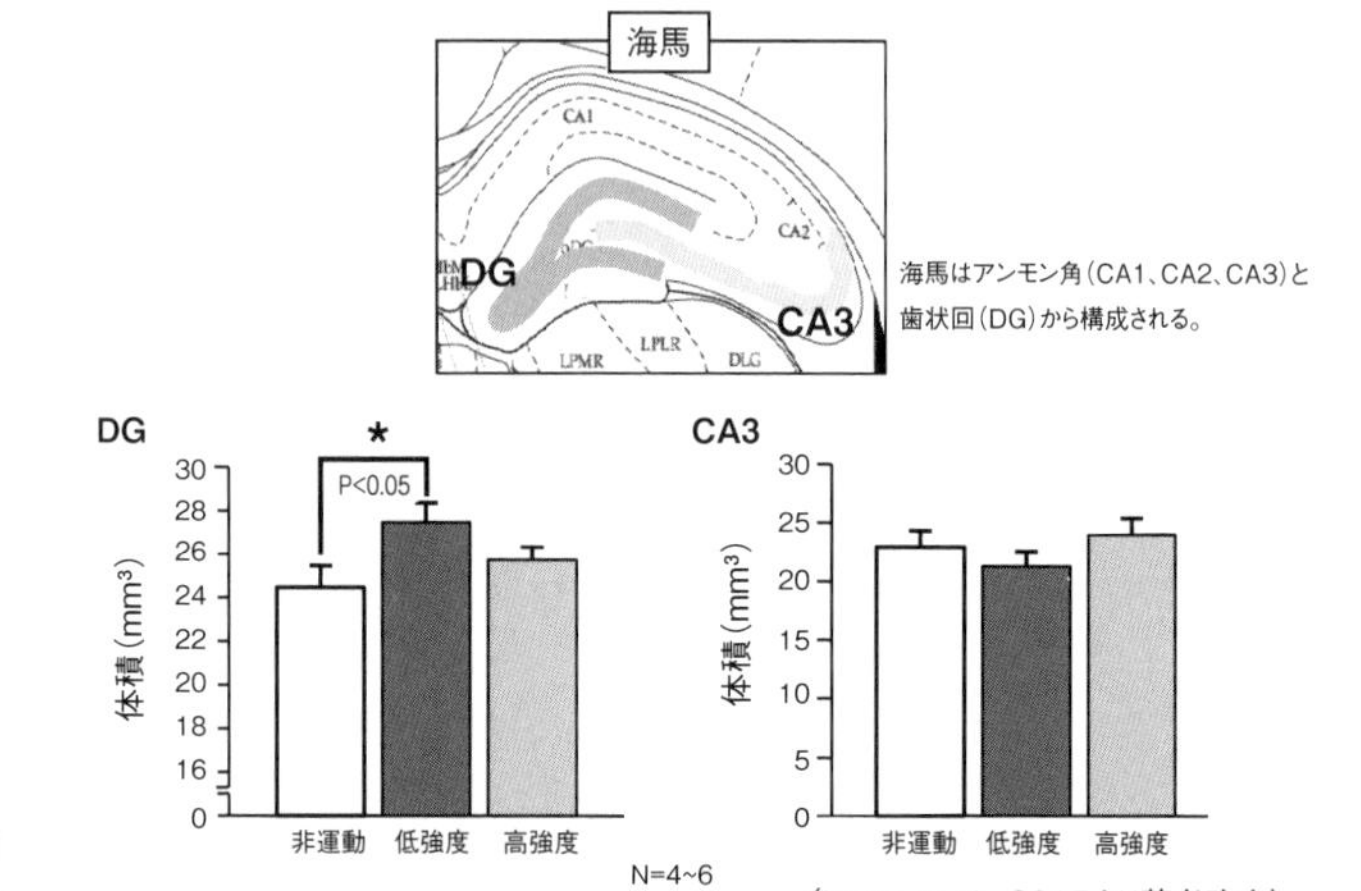

（Inoue et al., 2015より著者改変）

図６　６週間のスローランニングが海馬歯状回を部分的に肥大させる

の中でも輪回し運動による自発的な運動が良い刺激となるというものだ（van Praag et al., 1999）。具体的には海馬の歯状回（DG：dentate gyrus）に広がる顆粒細胞層でのみこの増殖が起こる。この知見は世界の神経科学者を刺激し、運動と海馬、そして運動と認知機能の関係を暴くその後の研究の端緒となったことはいうまでもない。

さて、スローランニングではどうなるだろうか？ 我々は、ラットに強度の異なるトレッドミル走運動を2週間行わせたところ、低強度、中強度共に神経新生が起こったが、その効果は明らかに低強度の方により強く見られた（Okamoto et al., 2012）。さらに、この運動を6週間続けると海馬機能が高まり、空間認知機能（ナビゲーション機能）も高まった（Inoue et al., 2015）。その際、海馬の体積を測定すると、神経新生が増える部位

（歯状回）のみに選択的な肥大がみられ、他の部位ではみられなかった（図6）。ゆっくりと走るスローランのように、誰でもできる簡単な運動が筋肉のように海馬を肥大させることから、「海馬は筋とほぼ同じ高い可塑性をもつ臓器」といえそうだ。

人の身心がどのように形作られるかについては以前から、「氏か育ちか」論争として継続されてきた。運動や寝たきりで簡単に肥大や萎縮をとげる骨・筋と異なり、脳はカハールの提唱（1928）以来、生後の神経再生や新生は起こらないとされ、「氏」として変わりにくい臓器とされてきただけに、この成果は教育や体育、そしてリハビリテーション領域に朗報となる。

運動嫌いの子ども、さらに、体力が乏しく脆弱な子どもや大人、そして、障害を持つ人々も、軽運動あるいは超軽運動なら実施できる。

最近、子どもの鬱病が増加し、そのリスクファクターとして海馬の萎縮が報告されている。次世代を担う子どもにさえ蔓延する身心の活力低下問題に、軽運動を楽しむライフスタイルが有効となるかもしれない。

8. 海馬の発達を担う脳内メカニズム

運動による海馬神経新生がどのようなメカニズムで生じるのかはいまだ明確になっていないが、脳内のＢＤＮＦ以外に、血中からのＶＥＧＦ（血管内皮細胞成長因子。血管の新生・形成にかかわっている）やＩＧＦ－１（インスリン様成長因子。細胞の成長や発達にかかわっている）など、多くのホルモン様因子の関与が想定されるものの、いまだ決着をみていない。脳幹由来のモノアミン（セロトニンやドーパミンなど）の関与も想定される。ここでは、スローランニングの条件で想定される脳内機構に関する可能性について述べてみたい。

１９０６年にニューロン（神経）説で医学・生理学賞を得たカハールに因んで設立された神経科学研究のメッカがスペインマドリードにある。その所長を務めるアレマン教授とは２００２年以来、学術振興会（学振）の二国間共同研究を皮切りに共同研究を継続している。スローランニング時に海馬の局所血流が高まる点を議論した我々は、大きな問題にぶちあたり困惑した。元々、アレマン教授たちは血中ＩＧＦ－１が脳内に入り込み、神経の情報伝達を促進したり神経新生や血管新生など、神経や血管のリモデリング（再構築）を促すことを明らかにしてきた。しかし、その効果はメガリンという輸送蛋白質の運搬で脈絡叢を通じて脳内に移行する結果、脳全体に作用するというものであり、運動などで活性化する神経に特異的に作用するメカニズムとはいえない。

そこで我々は、先述したとおり、スローランニングで海馬の局所血流が増加する際に働く神経－血管連関の作用が血中のＩＧＦ－１を脳内に引き込んで、その効果を活動する神経に特異的に働かせるのではないかと議論した。この議論は、マドリードのアレマン教授を二度目に訪問した際に行ったも

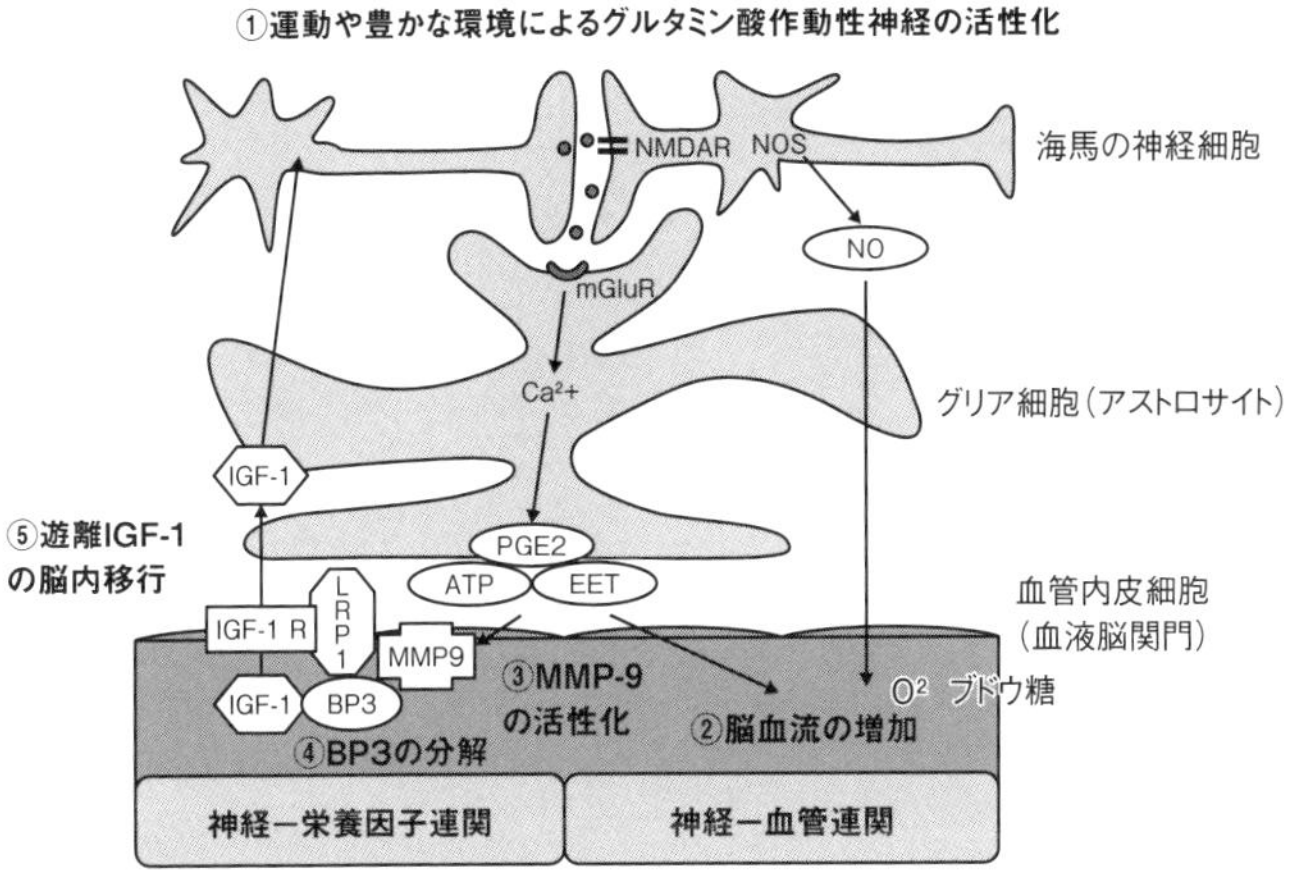

MMP9：matrix metalloproteinase 9
（Nishijima et al., Neuron, 2010；征矢、二国間交流事業協同研究報告書、2009より著者改変）

図７　神経活動による血中 IGF-1 の脳内移行機構の想定図

ので、これがその後の二国間共同研究につながった。

我々は、２００７年から2年間、双方向で研究を展開。最終的には我々の研究室から派遣した西島博士（現、首都大学）が実験を締めくくった。図７に示すように、①神経が活性化するとNOガスを発生、さらに、②グリア細胞も協調して興奮し、ATPやPGE（プロスタグランジン、さまざまな生理活性にかかわる物質）を放出、③それにより血管内皮細胞が弛緩し、局所的に血流が増加する。④さらに、グリアの影響を受けた酵素が血流に乗ってやってきたIGF-1に作用し、重たい結合蛋白を切断し、フリーにする結果、⑤簡単に血液-脳関門をくぐり抜け、活動する神経に取り込まれるという機構を見出した。これは、国際的にも評価

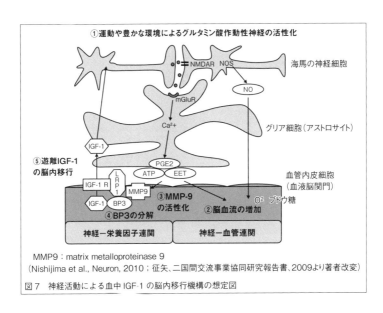

の高いNeuronという雑誌に共同研究の成果として掲載された（Nishijima et al., 2010）。

スローランニングや豊かな環境に育まれる人や動物では、海馬が十分活動し、神経新生は間断なく起こる。その結果、より海馬が太り、認知機能も高まることが期待できる。

9．身心の統合的発達に軽運動

運動が身心を活性化し、それを繰り返せば（トレーニング）、生物学的な適応が起こり、筋や骨が肥大することは多くの人々が経験する。

しかし、どちらかといえば、そうした運動器系の発達に有用な運動刺激は強めの運動で、低強度運動は刺激が小さく効果も少ない。こらはトレーニングの原理のうち「過負荷の原理」で説明されている。実際に、筋が肥大する際、最大筋力の75％以上の強度でトレーニングすることが推奨されている。運動やトレーニングをしても、十分強い負荷なしに筋の適応は起こりにくい。短期間で効果をあげるには運動強度は強めに設定すべきということだ。この原理は、多くの運動プログラムの基盤となっており、呼吸循環系の適応でも効果のあがる最低強度として中強度運動が推奨されてきた。

著者も当初は、脳の適応をみる際にも、中強度運動の効果を中心に検討した経緯がある。しかし、海馬の適応をみるにつけ考え方を改めざるを得なくなった。中強度運動の対照群として二つの群（一切の運動を行わない座業群と、同じ運動環境でゆっくり少しだけ運動する群）を設けて効果を比較したところ、海馬の神経は、低強度も中強度も変わらず活性化したからだ。これは前任校の三重大ーロックフェラー大での成果をもとに、転任した筑波大学で得た最初の成果となった。

どんな薬物も、例えアイソトープ（放射性同位体）でも、低容量なら健康に良い効果をもたらし、高容量になると害がでるという概念は古くからある。これをホルミシス（Hormesis）効果と呼ぶ。この概念に基づき、英国ではホメオパシーという医療が王立の病院などで保護されながら根付いている（渡辺、２００２）。運動もその条件とりわけ強度によっては良くもなり、悪くもなる、まさに諸刃の剣であることは多くが認識している。しかし、これまでのスポーツ科学（特に運動生理学）ではどうしても運動が筋肉で行われるという概念が先行し、運動器系の発達原理でモノを考える癖ができている。著者自身も驚かされたスローランニングがもたらす海馬の活性化や適応は、こうした考えを見直す契機になったことはいうまでもない。

日本を含む東洋には低強度、あるいは超低強度ベースの身体技法が古くから文化として根ざしている。なぜ親しまれてきたのか、その効能はどこにあるのかなどを考える際に、こうした海馬の機能を探ってみるのは面白そうだ。

◆文献

・勝田茂・征矢英昭（２０１５）「第５章　運動時のホルモン分泌」『運動生理学20講（第３版）』朝倉書店、35-43頁。

・征矢英昭（２００４）「運動による脳機能の活性化とホルモン（神経栄養因子）：快適生活のための脳フィットネスを高める運動プログラム開発をめざして」『体力科学』53巻23-24頁。

・征矢英昭（２００９）「脳機能に有益な軽運動の効果と分子機構」『二国間交流事業共同研究報告書』学術振興会。

・渡辺順二（２００２）『癒しのホメオパシー』地湧社。

・Bramble, D.M., Lieberman, D. E.（2004）"Endurance Running and the Evolution of Homo" Nature, 432, 345-352

・Colcombe, S.J., Kramer, A.F., Erickson, K.I., Scalf, P., McAuley, E., Cohen, N.J., Webb, A., Jerome, G.J., Marquez, D.X., Elavsky, S.（2004）"Cardiovascular fitness, cortical plasticity, and aging." Proc Natl Acad Sci U S A, 101, 3316-3321.

・Erickson, K.I., Voss, M.W., Prakash, R.S., Basak, C., Szabo, A., Chaddock, L., Kim, J.S., Heo, S., Alves, H., White, S.M., Wojcicki, T.R., Mailey, E., Vieira, V.J., Martin, S.A., Pence, B.D., Woods, J.A., McAuley, E., Kramer, A.F.（2011）"Exercise training increases size of hippocampus and improves memory." Proc Natl Acad Sci U S A, 108, 3017-3022.

・Eriksson, P.S., Perfilieva, E., Bjork-Eriksson, T., Alborn, A.M., Nordborg, C., Peterson, D.A., Gage, F.H.（1998）"Neurogenesis in the adult human hippocampus." Nat Med, 4:1313-1317

・Garber, C.E., Blissmer, B., Deschenes, M.R., Franklin, B.A., Lamonte, M.J., Lee, I.M., Nieman, D.C., Swain, D.P.; American College of Sports Medicine. (2011) "Quantity and quality of exercise for developing and maintaining cardiorespiratory, musculoskeletal, and neuromotor fitness in apparently healthy adults: guidance for prescribing exercise." Med Sci Sports Exerc, 43, 1334-1359.

・Inoue, K., Okamoto, M., Shibato, J., Lee, M.C., Matsui, T., Rakwal, R., Soya, H. (2015) Long-term mild, rather than intense, exercise enhances adult hippocampal neurogenesis and greatly changes the transcriptomic profiles of the hippocampus. PLoS One, 10 (6) :e0128720.

・Kuhn, H.G., Dickinson-Anson, H., Gage, F.H. (1996) "Neurogenesis in the dentate gyrus of the adult rat: age-related decrease of neuronal progenitor proliferation". J Neurosci, 16:2027-2033.

・Matsui, T., Soya, S., Kawanaka, K., Soya, H. (2011) "Brain glycogen decreases during prolonged exercise." J Physiol, 589 3383-3393.

・Neeper, S.A., Gomez-Pinilla, F., Choi, J., Cotman, C. (1995) "Exercise and brain neurotrophin." Nature. 373, 109.

・Nishijima, T., Soya, H. (2006) "Evidence of functional hyperemia in the rat hippocampus during mild treadmill running." Neurosci Res 54:186-191.

・Nishijima, T., Piriz, J., Duflot, S., Fernandez, A.M., Gaitan, G., Gomez-Pinedo, U., Verdugo, J.M., Leroy, F., Soya, H., Nunez, A., Torres-Aleman, I. (2010) "Neuronal Activity Drives Localized Blood-Brain-Barrier Transport of Serum Insulin-like Growth Factor-I into the CNS." Neuron, 67, 834-846.

・Nishijima, T., Okamoto, M., Matsui, T., Kita, I., Soya, H. (2012) "Hippocampal functional hyperemia mediated by NMDA receptor/NO signaling in rats during mild exercise." J Appl Physiol, 112, 197-203.

・Okamoto, M., Hojo, Y., Inoue, K., Matsui, T., Kawato, S., McEwen, B.S., Soya, H. (2012) "Mild exercise increases dihydrotestosterone in hippocampus providing evidence for androgenic mediation of neurogenesis." Proc Natl Acad Sci U S A, 109, 13100–13105.

・Rohe, F. (1975) The Zen of Running. Random House.

・Saito, T., Soya, H. (2004) "Delineation of responsive AVP-containing neurons to running stress in the hypothalamus." Am J Physiol Regul Integr Comp Physiol, 286, 484–490

・Soya, H (2001) "Stress Response to Exercise and Its Hypothalamic Regulation: Role of Arginine-Vasopressin. In: Exercise, Nutrition and Environmental Stress." Ed. Nose H. Gisolfi C.V. Imaizumi K., Cooper Publishing Group, 21–37

・Soya, H., Kawashima, H., Yoshizato, H., Fujikawa, T., Fukuda, R. (2002) "The potential role of treadmill running below the lactate threshold in inducing brain-derived neurotrophic factor (BDNF) gene in the dentate gyrus of the adult rat." 2002 Asian Games Sports Science Congress Proceedings II, 1047–1054.

・Soya, H., Nakamura, T., Deocaris, C.C., Kimpara, A., Iimura, M., Fujikawa, T., Chang, H., McEwen, B.S., Nishijima, T. (2007a) "BDNF induction with mild exercise in the rat hippocampus." Biochemical and Biophysical Research Communications, 358, 961–967.

・Soya, H., Mukai, A., Deocaris, C.C., Ohiwa, N., Chang, H., Nishijima, T., Fujikawa, T., Togashi, K., Saito, T. (2007b) "Threshold-like pattern of neuronal activation in the hypothalamus during treadmill running: Establishment of a minimum running stress (MRS) rat model." Neuroscience Research, 58, 341–348.

・van Praag, H., Christie, B.R., Sejnowski, T.J., Gage, F.H. (1999) "Running enhances neurogenesis, learning, and long-term potentiation in mice." Proc Natl Acad Sci U S A. 96, 13427–13431.

第5章 からだの動きと神経

鈴木　健嗣

1．からだが動くということ

① 筋骨格系の働き

からだが動くということは、どういうことだろうか。歩行する時には、足や手を動かすだろう。言葉を話す時、歌を歌う時は、喉が動くだろう。食事をする時には、腕や指を使って食べ物を操作し、それを口に持っていく。口の中に入った食べ物は、からだが動くことにより喉に送られ、胃まで到達することになる。人は嬉しい時には笑い、悲しい時には泣くだろう。この時には、顔が動くのである。呼吸をする時には胸が動く。胸に手を当ててみると、心臓が脈を打って動いている。このように、人が何かをしようとする時にも、また何かをしようと思わなくても、からだはいつも動いている。

からだは、骨と筋肉と神経からできている（石井、２００１）。足、手、指などを曲げ伸ばしする時には、筋肉が働いている。人には、頭から足まで約２００個の骨と、約６００個の筋肉がある。骨格筋といわれる筋肉は、複数の骨を結びつけており、関節の曲げ伸ばしを行うために働いている。また、顔を動かすための表情筋、舌を動かすための舌筋など必ずしも骨についていない筋肉も骨格筋に

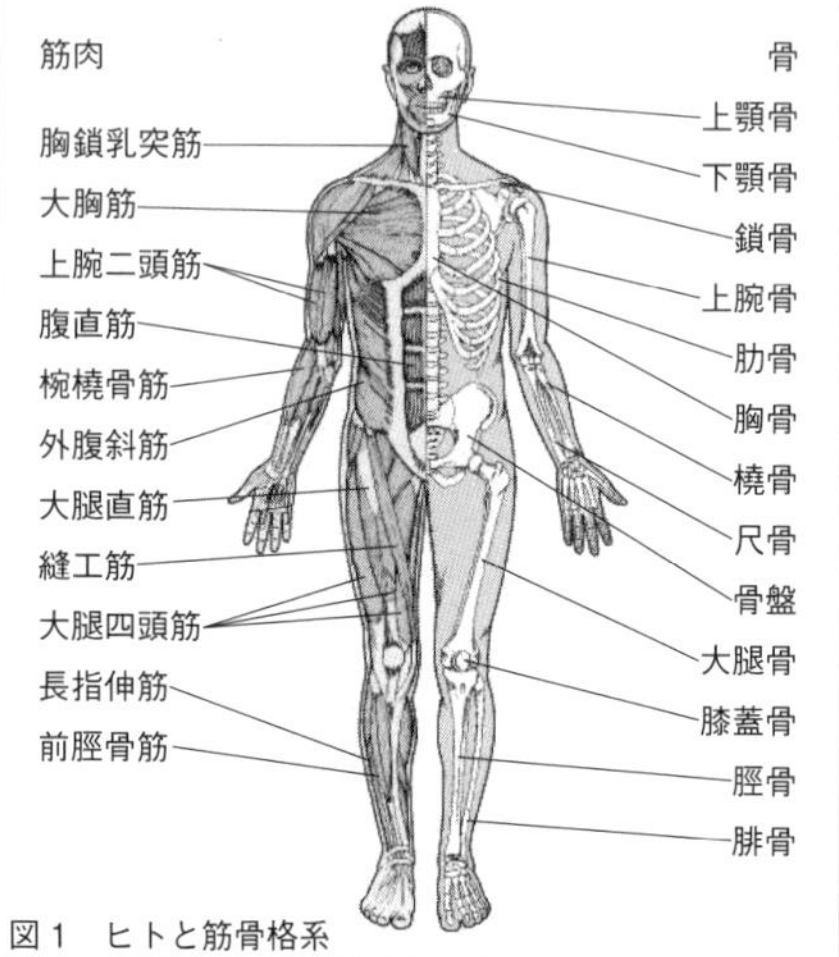

図1　ヒトと筋骨格系

含まれる。

筋肉には様々な種類がある。組織学的には、横紋筋、平滑筋、心筋の3種類があり、この中で関節の曲げ伸ばしを行っているのは横紋筋である。この筋には、顕微鏡で観察すると規則正しい縞模様（横紋）があるため、このように呼ばれている。なお先程述べた骨格筋は、横紋筋である。これに対し、平滑筋は、消化管や血管壁を構成しており、模様が存在しない。また、心筋とは、心臓のみに見られる筋肉で、心臓を動かすために使われている。

からだの動きは骨格筋により発生することから、ここでは、力を生み出し、運動の源となる横紋筋について考える。筋肉は、筋線維と呼ばれる細い筋細胞が何千本も束になったもので、筋細胞とこれらの細胞間を埋めて束ねる結合組織から構成されている。この筋線維には、速い速度で収縮する速筋線維、遅い速度で収縮する遅筋線維があり、この線維がそれぞれどのくらい含まれるかで、筋肉の性質が決まる。

興味深いことに、筋肉は自ら伸びることはできない。筋肉は収縮することで力を生み出すが、自ら伸びることができないので、関節の曲がる側と伸びる側にそれぞれついているのである。屈筋は、関節の曲がる側についており、縮むことで関節が曲がる。一方、伸筋は屈筋の反対側についており、縮むと関節が伸びる。このように、屈筋と伸筋がそれぞれ拮抗的に働くことで、関節の曲げ伸ばしが行われるのである。

② からだが動くための神経活動

次に、人の意思によりからだを動かすしくみについて考えてみる（ラタッシュ、２００２）。筋収縮は、神経系を通じて脳からの指令により制御される。この筋収縮の指令を伝える神経は運動神経（motor neuron）と呼ばれ、この神経系を構成する神経細胞は、細胞体と軸索からできている。細胞体は脊髄にあり、1本の軸索が出ている。軸索は脊髄の腹側から出ており、何度も枝分かれしながら数十から数千の運動神経となって、それぞれの筋まで到達する。この1個の運動神経と、それが支配する筋線維を合わせて、運動単位（motor unit）と呼ぶ。一つの筋は、様々な大きさの運動単位から構成されている。例えば脚の筋では、1個の運動神経が約２０００本もの筋線維を支配している。

運動神経が1回活動電位を発すると、その信号は筋線維に伝わり、筋線維が1回だけ活動電位を発し短い収縮をする。このように、神経活動から見ると、筋線維の活動はデジタル機械のような応答であることがわかる。なお通常、運動神経は10 Hzから１００Hz程度の頻度で活動電位を繰り返し発することで、筋線維も収縮を繰り返している。特に、50 Hzを超えるような高頻度の活動の場合、収縮が融合して滑らかな収縮力を発生する。このように、それぞれの筋が発生する力は、主に使用する運動単位の数により調節されるが、微妙な力調節や急速に大きな力を発揮する場合には収縮頻度による調節が行われる。

③ 筋の収縮と力の関係

筋の収縮には、筋の長さが変わらないで収縮する等尺性収縮、筋が動きながら力を発揮する等張力性収縮、筋の収縮速度が一定である等速性収縮などが知られている。等尺性収縮では、筋の収縮張力が最大となる長さがあり、それより長くても短くても張力は減少する。また、張力が最大となる長さ以上に筋が延ばされると、受動的に張力が発生する。このように、筋の発生する力は、筋の長さ（静的）と長さの変化速度（動的）によって変化する。

これまで、様々な実験により筋肉の働きに関する研究が行われてきた。両生類であるカエルを用いて、この単一筋線維に様々な負荷をかけてみることを考えてみよう。電気刺激によって等張力性収縮をさせると、力がゼロの時、短縮速度が最大となり力の増加と共に短縮速度が減少する。これは、モータの回転速度とトルクの関係に似ていることは興味深い。

さらに、筋は骨格と結合しているため、上記のような筋の張力が肘関節に伝達され駆動すると、関節角によって張力のモーメントアームが変化する。モーメントアームとは、回転軸と力の作用する方向（線）を結んだ垂線のことである。関節は、てこの原理に基づいて動くものが多いため、このモーメントアームが重要になる。モーメントアームが短いと筋肉への負荷、および関節にかかる負荷も小さくなる。

筋の収縮と力の関係を力学系として記述しようとする試みのように、生体の力学的特性を明らかにしようとするバイオメカニクスは、神経系の働きも合わせてからだが動くしくみを明らかにしようとするニューロメカニクスの時代になってきている。

2．からだの動きを測る

① 運動解析技術

人々がからだの動きを正確に知ろうとする試みは、古くからある。図2は、100年以上前の1870年代に行われたMareyらによる装着型センサーを用いた歩行計測の様子を示している(Margaria, 1938)。両足の靴には、地面と接触しているかどうかを計測するセンサーを組み込むとともに、頭の上には、よく考えられた振り子型スイッチが取り付けられており、体幹の上下運動を計測するセンサーとなっている。このような機器を用いながら、先人たちは、可能な限り客観的にからだの動きを明らかにする試みを続けてきた。

現在では、からだの動きは運動解析技術の向上により精緻に測ることができるようになり、バイオメカニクスに基づく客観的な運動学、動力学データの取得が可能となってきた。これにより、スポーツや医療分野における運動理解および指導効率の向上に大きく貢献している（小池ら、２００８）。

図２　Marey 運動計測

代表的な運動計測法の一つに、三次元計測手法であるモーションキャプチャシステム（Motion Capture System）が挙げられる。これは、人体の動作や表情の変化を三次元的に捉え、デジタル信号として定量的に記録する技術である。現在、最も広く用いられている代表的な光学式モーションキャプチャシステムでは、主に人体の表面や物体にマーカーを装着し、これを複数の赤外線カメラにより抽出する方法が用いられている。これにより、人のからだの動きを、２００Hzという高速かつ１㎜未満という高精度で計測することが可能である。しかしながら、使用前にマーカーを装着する必要があるとともに、マーカーがカメラから見えない位置にある際には、ソフトウエア的に補正を行う必要があるなど、課題も多い。また、環境中に設置可能なカメラの数が限られるため、まだ狭い範囲での利用に留まるという課題がある。加えて、計測できる運動情報の増加に伴い、データ間の関係性を理解する

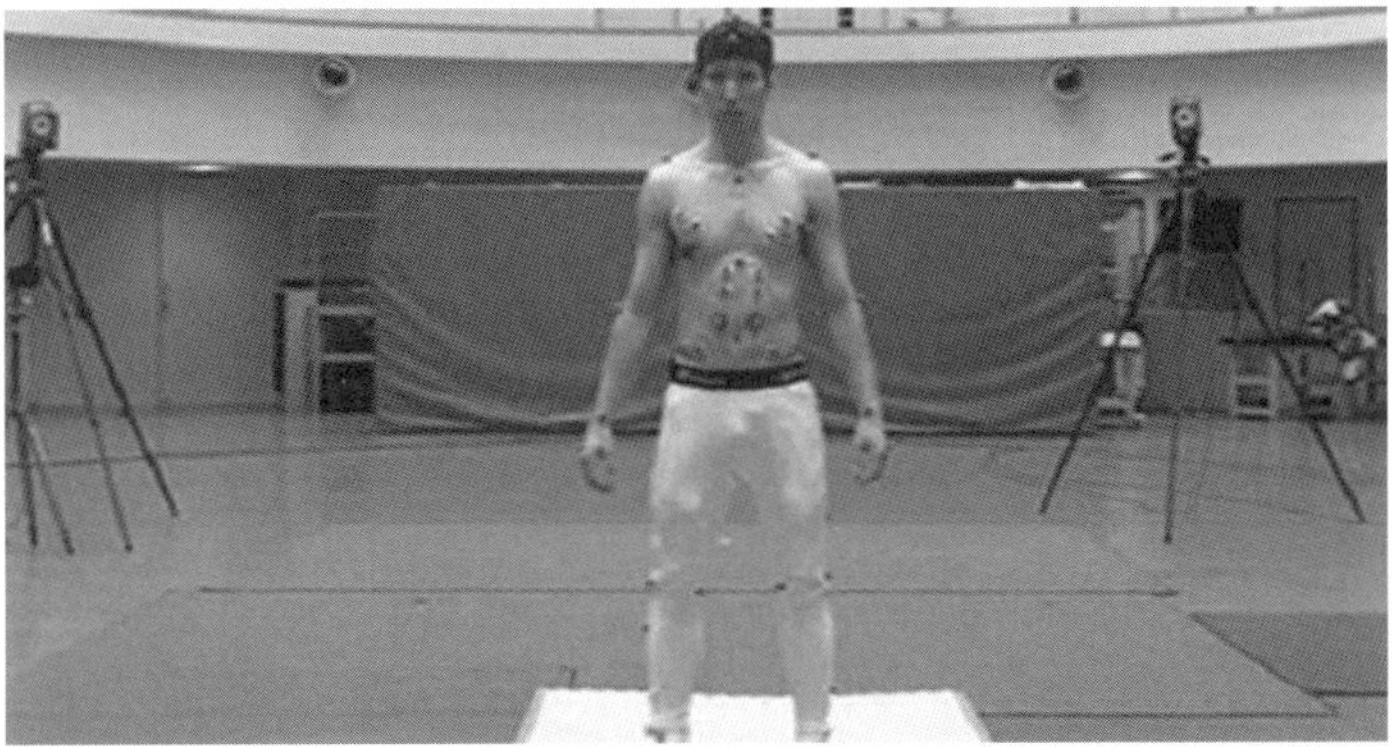

図3　モーションキャプチャシステム

には高度な専門知識が必要とされる。さらに、このような運動計測装置は高価かつ大規模な機器が必要となることも相まって、病院など一般的な臨床現場や、体育館や運動場においても、これら運動解析手法の適用は未だ困難であり、経験則に重点のおかれた訓練に頼る状況が多く見られる。

しかし近年、Microsoft 社の Kinect に代表されるように、画像方式と呼ばれる光学式システムにより、マーカーを装着せずにカラービデオ画像から三次元データを取得することが可能になる製品が、主にゲームでの利用を通じて普及してきており、一般の方々でも精度の高い計測機器を手に入れることが可能になってきた。このような機器では、詳細な解析は困難であるが、姿勢や動作パターンといった変化を捉えるためには十分であり、リハビリテーション時の運動計測への応用が進められている。

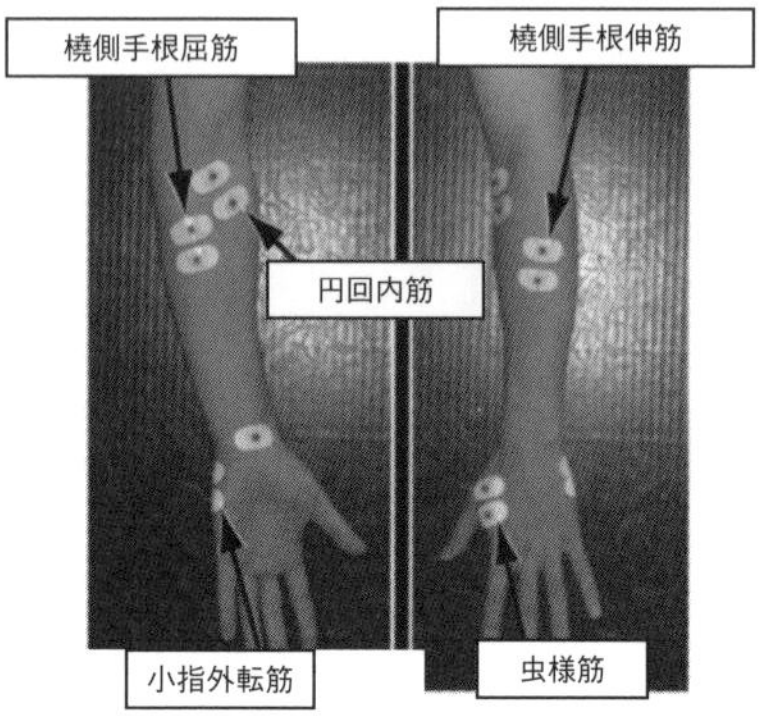

図４　筋電図計測

② 筋電位計測

筋電図解析は、からだの動きを科学的に知る手段の一つである。筋電図（EMG：Electromyogram）は、脳から神経を経てそれぞれの筋へ伝えられる運動指令をあらわしている。詳細な生理学的説明は割愛するが、筋電図は、縦軸に複合的な活動電位の振幅を、横軸に時間を示したものであり、筋線維から発生した個々の活動電位を加算して図として表現したものである。なお、これは筋力の計測とは異なり、筋の収縮に応じて筋力を発揮する時にその活動電位を計測するものであることに注意する。発揮する筋力に応じて収縮する筋線維の数は異なり、筋収縮の強弱が活動電位としてあらわれる。

筋電位の中でも運動計測等に広く用いられる表面筋電位は、非侵襲で計測したい筋の上に小型の電極を密着させることで得ることができる。有意な信号を得るとともに雑音の影響を最小化するため、分析に用いる筋肉の上に電極を直接置くことが推奨されている。

このように筋肉の活動は、電気的な値として計測することができる。このような手法を電気生理的手法と呼ぶが、からだの動きを測る方法として、医学のみならず体育、工学などでも広く利用されている。代表的な例として、筋電義手が挙げられる。生まれながら、また事故等により自身の腕や足を欠損してしまった場合、義手や義足を用いることになる。この中で、残存部分から筋電位信号を取得し、これに基づき、モータを用いて物理的に義手を動かすことを可能にするものが筋電義手である。このように、筋肉の働きを電気的に取得することで、様々な応用が可能になる。

③ からだの動きとこころの動き

これまで、からだが動くしくみとともに、それを測る方法について述べてきたが、こころの動きについても考えてみる。こころとは、目に見えないものであり、脳の活動として計測するものと理解されているかもしれない。しかしながら、こころの動きもからだにあらわれているとも考えられる。歩行動作にしても、嬉しい時、悲しい時でそのパターンが異なることが知られており、また人が観察するだけで、こころの状態を推定することもできる場合がある。この中で、こころの動きを示す代表的な動きは、やはり顔の表情にあるといえる（鈴木ら、２０１３）。

表情筋は、片側もしくは両側が皮膚または粘膜と接している皮筋である。人の表情とは、脳からの信号が顔面神経を伝わり、表情筋（浅頭筋）を動かすことで複雑な表情が表出される。なお、一般に人は自身の意思により随意的に表情を表出することができるが、それぞれの表情筋を独立にかつ正確に動作させることは難しい。また、顔面神経麻痺などでは神経からの信号が正しく伝達されずに表情が表出できなくなるように、顔の生理的側面は表情表出に深くかかわっている。

表情の中でも、特に笑顔に代表されるような肯定的な感情を示す表情は、大頬骨筋と眼輪筋の働きが大きい。口唇周囲にある口筋の一つである大頬骨筋は、口角を外側上向きに引き上げる動作を担っている。また、目の周りにある眼輪筋は、いわゆる目尻を下げる動作を担っている。一方、否定的な表情を表出する時には、目の周りにある皺眉筋が働くことで、渋顔や怒顔を表出している。

④ 表情の動きを測る

これまで、からだの動きと同じように、顔の動きも筋活動で記述できることについて述べた。しかしながら、表情表出を表情筋活動から理解しようとすることは困難であった。なぜなら、表情表出に深くかかわる口輪筋・大頬骨筋・眼輪筋・皺眉筋は顔正面にあるため、皮膚上に計測のための電極を置くと、電極とケーブルにより物理的に拘束されるため、本来の表情表出が阻害されるだけでなく、外見を大きく損なってしまうからである。さらに、EMG信号は非常に微弱な電気信号であることから、目的とする表情表出に関与する表情筋からの信号だけでなく、瞬きや頭部動作など表情に関与しない筋肉の収縮に基づく信号を含む混合信号として同時に検出されてしまうという課題がある。

このような課題を解決するため、我々は電極を顔面の側面に配置し、顔正面の表情表出を阻害せずかつ安定的に計測可能な新しいインタフェースを提案している（Gruebler & Suzuki, 2014）。

これは、可能な限り顔側を利用し、自然な表情表出を阻害せずに、顔表面中に伝搬される表面筋電位（distal EMG）を検出して表情を推定する手法である。ここでは統計的手法と信号処理、および機械学習法を利用して、顔側から得られた生体電位信号を用い、リアルタイムでかつ非常に高い精度で表情を識別することに成功している。特に、笑顔識別（笑顔かそれ以外の表情の識別）では、眼球運動・瞬き・頭部動作、咬筋の活動（咬む動作）や発話動作の影響を受けにくいことを示しているだけでなく、例え発話中であっても笑顔の表出を識別することが可能であるなど、高い識別率を得ている。さらに、これをもとに小型・軽量でかつ対人親和性の高い装着型表情推定装置を開発し、実装することが可能になっている。

このように、からだを測る技術に基づいて表情を計測することで、人のこころの動きの一端を知ることが可能になる。また、この技術は、これまで困難であった場面や人々に対して表情を計測することも可能にしてくれる。我々は、一般に表情の理解が困難といわれる自閉症スペクトラム障害児（以後、自閉症児）に対し、このインタフェースを用いることで笑顔の計測を試みている。自閉症は、米国では110名に1名であることが報告されている（Baio, 2012）。（さらに2012年には88名に1名と報告されている。）そのため、自閉症児への発達支援方法の確立は、世界的にも極めて高い社会的要請がある。

自閉症児は、幼児期より対人交流や顔・表情認知と表出に障害を示すことが知られている。そこで我々は、表情計測の長期臨床研究（2年間）を行い、世界ではじめて自閉症児の笑顔表出と行動の関係を定量的に示すことで、笑顔が社会的な行動を誘発する効果があることを示してきた（Funahashi et al. 2014）。このように笑顔が表出された時間や量が定量的に明らかになることで、ほかの行動との関連性や、顔を見合わせるといった社会的行動との関連性の理解が進むと考えている。

3．からだの動きを支援する

① からだの動きとロボットの動作

からだの動きを支援する、ということについて考えてみよう。歩くのが困難な高齢者は、杖を使っており、これは歩行補助に役立っている。また、何らかの疾患によりからだが不自由になってしまった場合は、装具と呼ばれるからだに固定してからだを支える道具が必要になる。上下肢を切断してしまった場合は、義手や義足による支援が必要になることもある。

ここで、人工のからだをもつロボットについて考えてみる。現代のロボット工学は、機械工学、電気通信工学が発展したメカトロニクスを含む学問分野である。現在のロボットは、工場や家庭で人間の代わりに仕事をするものから、人が身につけることで、人の動きを助けるものまで広い範囲で、我々の生活の中に入ってきつつある。

現在はまだ人のように動けるロボットは存在しないが、まるで人の姿で人のように動くロボットとして、ヒューマノイドロボットの研究・開発が進められている。モータにより関節を動かし、人の腕のように動作するアームを組み合わせることで、多くの関節からなる複雑な機械としてのロボットができあがる。近年では、骨格筋のように屈筋と伸筋を備えたロボットも開発されており、今後も発展が期待されている（Nakanishi et al, 2013）。

なお、このロボット工学の基本的な考えは、三次元空間におけるモノの位置と姿勢を制御することにあり、人のからだの動きもこのロボット工学で考えることができる。例えば、人が歩くという動きを考えてみよう。ロボット工学では、歩行動作というものは、大きく静歩行と動歩行の2種類に大別できる。静歩行とは、体幹の重心の路面への投影点（重心位置の真下）が常に足裏の範囲にあるように動くものであり、動歩行は、これが足裏の範囲から外れる歩行である。一般に「歩く」という時には、この動歩行が該当する。ではこの時、標準的な股下の長さが40cmである5歳児と股下の長さが約80cmである20代の男性の歩く速さを比べるとどのくらいの差があるのだろうか。

人の歩行を振り子のような運動として考えると、その歩行速度は体重によらず、股下の長さにより定まる。このとき、股下の長さ80cmの人の理論的な歩行速度の上限は約10km、40cmの人は約7・1kmと求められる。この計算により、20代の男性は、5歳児の約1・5倍の速度で歩くことができることがわかる。

このように、ロボットの研究を進めることは人のからだや動きを詳しく理解することにもつながっていることは大変興味深い。

② ロボットを用いてからだの動きを支援する

近年、からだに取り付けることで人の動きを支援するロボットの開発が世界中で行われている。身体の側面に骨格のような機構を取り付け、それを動作させることで人の動きを支援するしくみを外骨格型と呼ぶ。これまでに、歩行を支援するための下肢外骨格型ロボット、腕の運動を支援するための上肢外骨格型ロボット、指の動作を支援する手指外骨格型ロボットなどがつくられている。

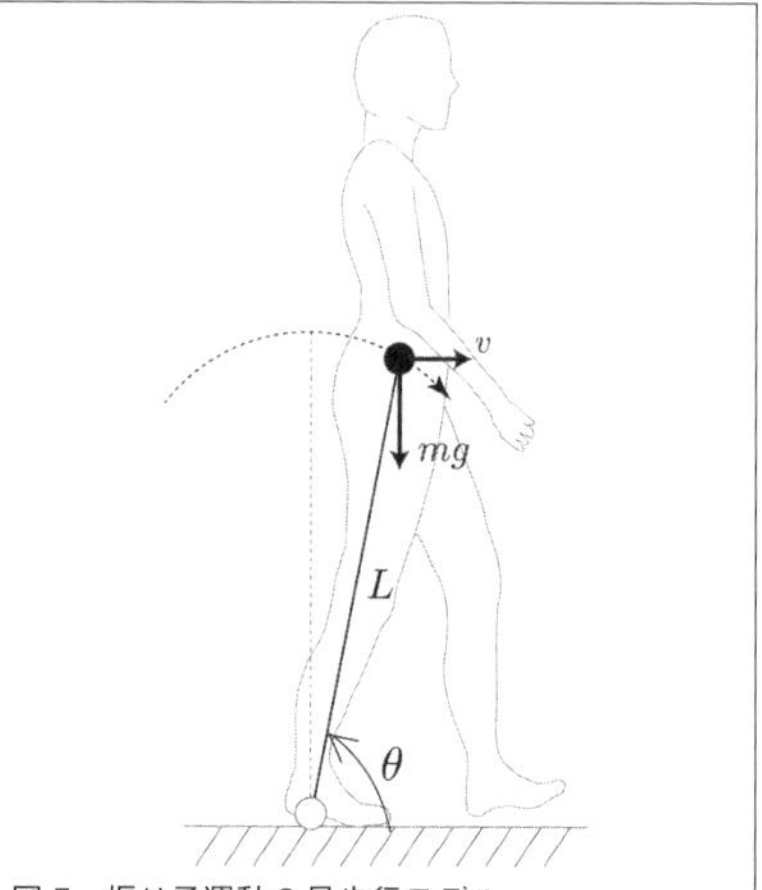

図５　振り子運動２足歩行モデル

近年、筑波大学を中心として、人とロボットの協調技術であるサイバニクス技術（人・機械・情報系を融合複合した技術）の研究が進められている。ここでは、人の運動特性の評価および人と協調して働くシステムの確立を目指すとともに、人類が直面している少子高齢社会や超情報社会における社会的課題を解決するための挑戦が続けられている。

サイバニクスの大きな成果の一つにロボットスーツＨＡＬ（Hybrid Assistive Limb）がある

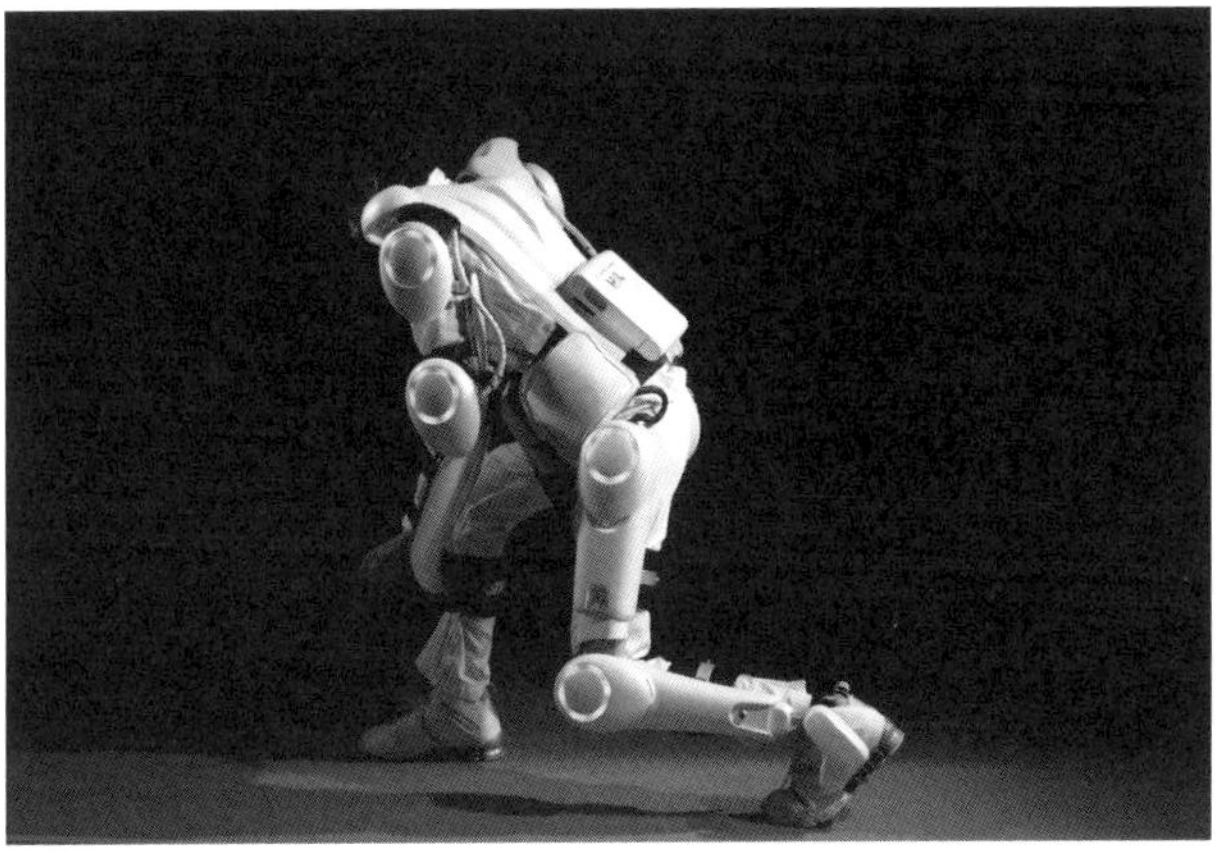

図６　ロボットスーツ HAL　©prof. Sankai/ University of Tsukuba

(Kawamoto et al, 2013)。ＨＡＬは、筋肉を動作させるための信号を計測することで人間の意思を読み取り、人間の思い通りに動かすことのできる世界初のサイボーグ型ロボットである。さらに、人間の動作パターンに基づき、ロボットが自律的に動作する制御方法を混在させることで、動作支援を可能にするものである（図６）。

人間が行う基本的な動作の一つである歩行動作は、決して下肢だけで行うものでなく、全身動作である。歩行および バランス制御における頭部動作の有用性（Pozzo et al, 1990）をはじめとして、歩行には様々な脳機能がかかわっている。また、歩いたり走ったりする運動は反復動作系であり、神経系の働きだけでなく力学系の特性を上手く利用して動作が実現されているといえる。我々も、脳卒中患者や脊髄損傷者を対象として、歩行中の上肢運動を計測するために杖を用い、これを外骨格型ロボットの制御にいかす取り組みを行っている（Hassan et al, 2014)。感覚器と運動器を統合させること、また全身協調運動としてからだの動きを理解することは極めて重要である。

このように、人とロボットが物理的に接触した状態で、人の動作をロボットで支援するという試みはまだ萌芽期であるが、医療福祉分野におけるリハビリテーション支援や身体訓練支援、身体機能に障害を抱える方々への自律動作支援に加え、介護支援、工場等での重作業支援、災害現場でのレスキュー活動等、幅広い分野での活躍が期待されている。

また外骨格型とは異なるが、我々は、世界ではじめて顔面神経麻痺のリハビリテーションを支援するロボット技術の開発に成功している（Jayatilake et al, 2014）。ロボットマスクという表情生成支援装置は、顔面の皮膚を外部から非侵襲的に直接変位させることで表情表出を実現する新しい人体着用型ロボットシステムである（図7）。これは、人工筋肉の収縮を微細ワイヤと微細管を通じて顔面の皮膚に伝達する非侵襲の表情表出支援であり、ほぼ無音の駆動機構により複数の表情筋に相当する表皮部を変位させるものである。これもロボットスーツと同様に、顔面上の筋電位信号を利用して装着者の運動意志を読み取ることで、運動機能支援を行うことが可能である。

顔面神経麻痺は、顔面表情筋の活動低下を示す神経障害であり、患者は自身で思い通りの表情を表出できないため、感情をも押さえ込む結果となり、社会生活を営む上で大変な障害となっている。そこで、我々はこのシステムをリハビリテーションに応用することで、自身の意思に基づいて表情を生

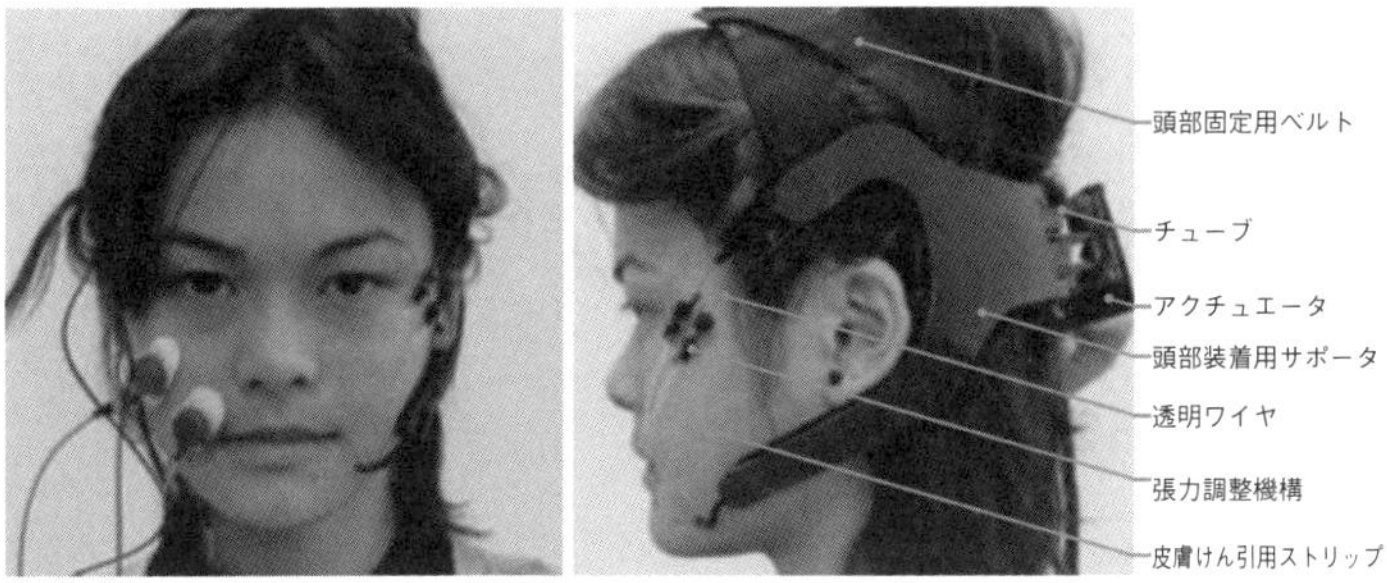

図7　ロボットマスクシステム

成する機能の改善を支援するという患者の心理社会的な支援にも寄与していきたいと考えている。

③ 音や光を用いてからだの動きを支援する

動作や筋活動を計測するだけでなく、筋骨格系の活動を画面上にリアルタイムで提示することでからだの動きとその筋活動が同時にわかるといったように、現実空間と仮想空間を融合した複合現実を実現する研究も進められている。これらは、計測データの直感的な理解を助けるものである。

ところで、からだの動きはリズムが大事である。例えば歩行は決して下肢だけで行うものでなく、全身動作である。歩いたり走ったりする運動は反復動作系であり、神経系の働きだけでなく力学系の特性を上手く利用して動作が実現されているといえる。これに加え、歩行およびバランス制御における頭部動作の安定化をはじめとし、認知機能との関連は極めて深い。三宅らは、共創という概念に基づき、歩行時にあたかも他者が追随するような音を提示することで、リハビリテーションや歩行支援にいかせるということを明らか

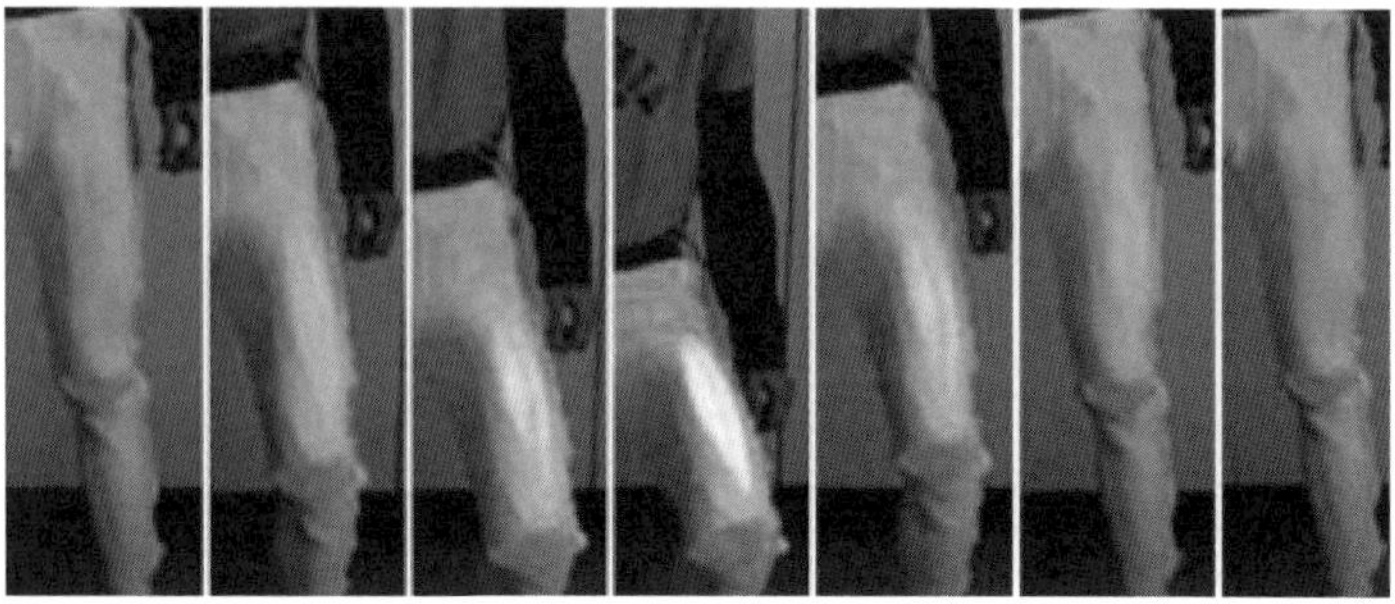

図８　センサスーツ

にしている（Muto et al, 2012）。

また、光を通じて運動を支援する試みの例として、からだの動きに合わせて発光するスーツを紹介する（図８）（五十嵐ら、2012）。我々は、伸び縮みする発光素材を用いたスポーツウェアを使って、着用した状態で簡単に運動状態を計測することができ、使用者と観察者が直感的にからだの動きを把握できる新しい着用型発光センサスーツを開発してきた。これは運動に伴う筋電位と関節角度データを計測するとともに、その筋活動を体表上の筋の位置・形状に合わせて、リアルタイムで光の輝度に反映させ提示するものである。これにより、身体動作と同時に筋活動を容易に把握することができるため、運動理解や学習の促進、またリハビリテーション支援に役立てたいと考えている。

これまで、理学療法士と患者が簡単に運動状態を把握し、適切な運動指導ができるように補助することを目的として、腕部運動訓練の補助としてこのセンサスーツを適用する臨床研究を行ってきている。この訓練では、理学療法士や患者の視線が終始センサスーツによる筋活動提示部へ向けられた状態での訓練、指導法の開発を行っている。またこれまでに、筋の状態把握だけでなく、使用することが面白い、といった好意的な意見が報告されている。センサスーツは容易な着脱により短時間の準備で利用可能なことを確認しており、現状のリハビリテーション訓練に容易に介入可能なことを示してきた。

4. まとめ

本章では、筋骨格系と神経系のしくみについて述べるとともに、これらの働きをどのように測るのか、またそれをもとに、からだの動きを支援する試みについて述べた。からだの動きは、筋骨格系の働きによって生みだされている。また、からだを動かそうとする意思が脳から神経系を伝わって筋肉に届き、筋肉が動くことによってからだが動くのである。さらに、こころの動きもからだの動きから推測することができる可能性について紹介した。

進化論で著名なダーウィンはその著書（1872）の中で、我々は、他者の行動や感情を、その姿ではなく動きにより理解している、と述べている。最初にも述べたが、からだが動くということは、どういうことだろうか。また、こころが動くということはどういうことだろうか。それらを知るためには、からだの動きを正確に理解することが重要である。また、運動に導く感覚系の働きや、それを処理する認知系の動きを理解することも同様に重要である。これらを包括的に理解することこそが、からだの動きを知る、ということにほかならない。

◆文献

・五十嵐直人、鈴木健嗣、河本浩明、山海嘉之（２０１２）「下肢運動状態の認知を支援する着用型発光センサスーツ」『情報処理学会論文誌』53巻４号、１２３４-１２５５頁。
・石井直方（２００１）『重力と闘う筋』山海堂。
・小池関也、森洋人、松原誠仁、藤井範久、阿江通良（２００８）「走動作における下肢筋張力の身体重心速度に対する貢献度の個人差」Dynamics & Design Conference, 2008-2009.
・鈴木健嗣、高野ルリ子（２０１３）「表情を測る技術と装う技術」『顔を科学する適応と障害の脳科学』山口真美、柿木隆介編著、東京大学出版会、３０７-３２８頁。
・ラタッシュ、マーク・L（２００２）『運動神経生理学講義―細胞レベルからリハビリまで』笠井達哉、道免和久監訳、大修館書店。
・Baio, J. (2012) "Prevalence of autism spectrum disorders-Autism and Developmental Disabilities Monitoring Network, 14 sites, United States, 2008" MMWR Surveill Summ, 61: 1-19.
・Darwin, C. (1872) The Expression of Emotions in Man and Animals. John Murray.
・Funahashi, A., Gruebler, A., Aoki, T., Kadone, H., Suzuki, K. (2014) "The Smiles of a Child with Autism Spectrum Disorder During an Animal-assisted Activity May Facilitate Social Positive Behaviors -

Quantitative Analysis with Smile-detecting Interface" Journal of Autism and Developmental Disorders, 44: 685–693.

・Gruebler, A. & Suzuki, K. (2014) "Design of a Wearable Device for Reading Positive Expressions from Facial EMG Signals" IEEE Transactions on Affective Computing, (in press).

・Hassan, M., Kadone, H., Suzuki, K., Sankai, Y. (2014) "Wearable Gait Measurement System with an Instrumented Cane for Exoskeleton Control" Sensors, 14: 1705–1722.

・Jayatilake, D., Isezaki, T., Teramoto, Y., Eguchi, K., Suzuki, K. (2014) "Robot Assisted Physiotherapy to Support Rehabilitation of Facial Paralysis" IEEE Transactions on Neural System and Rehabilitation Engineering, 22: 644–653.

・Kawamoto, H. et al. (2013) "Pilot study of locomotion improvement using hybrid assistive limb in chronic stroke patients" BMC Neurology, 13: 141.

・Margaria, R. (1938) "Sulla fisiologia e specialmente sul consumo energetico della marcia e della corsa a varie velocita ed inclinazioni del terreno" Atti Accademia nazionale Lincei Memorie, 7: 299–368.

・Muto, T., Herzberger, B., Hermsdoerfer, J., Miyake, Y., Poeppel, E. (2012) "Interactivecueing with Walk-Mate for Hemiparetic Stroke Rehabilitation" Journal of NeuroEngineering and Rehabilitation, 9: 1–11.

・Nakanishi, Y., Ohta, S., Shirai, T., Asano, Y., Kozuki, T., Kakehashi, Y., Mizoguchi, H., Kurotobi, T., Motegi, Y., Sasabuchi, K., Urata, J., Okada, K., Mizuuchi, I., Inaba, M. (2013) "Design Approach of Biologically-Inspired Musculoskeletal Humanoids" International Journal of Advanced Robotic Systems, 10: 1–18.

・Pozzo, T., Berthoz, A., Lefort, L. (1990) Head stabilization during various locomotor tasks in humans. I. Normal subjects" Experimental Brain Research, 82: 97–106.

第6章　スポーツと血管の科学

前田　清司

1．血管——血管は血液を運搬するだけではない

血管は、頭から手足の先まで網の目のように全身に張りめぐらされている。この全身に分布する血管をすべてつなげると地球2・5周分にも相当し、その総面積はテニスコート6面分にもおよぶとされている。血管は、血液を心臓から末梢に送り出す動脈、血液を末梢から心臓に送り出す静脈、動脈と静脈をつなぐ毛細血管の3種類から構成されている。心臓を出た血管は、弾性動脈、筋性動脈、細動脈と枝分かれを続けて、毛細血管として全身に分布する。そして、再び合流して静脈となり、心臓へともどる。これら動脈、静脈、毛細血管は、それぞれ異なる役割を果たしている。

①動脈の役割

動脈の主な機能は、血液の運搬と拍動の緩衝である。動脈には、血液を運搬するという働きがあることはよく知られているが、心臓からの拍動を緩衝するという重要な役割（クッション機能）も果たしている。心臓から送り出された血液により生じる拍動は、大動脈で効果的に緩衝される。このクッション機能の働きにより、拍動が緩衝され、末梢の血管までなめらかに血液が流れるのである。近年

では、この拍動の緩衝機能が注目されている。

② 静脈の役割

静脈は、血液を末梢から心臓に送り出す血管であり、心臓にもどる血液量（これを静脈還流量という）を調節する役割を担っている。安静時には、血液全体の約70%が静脈内に貯留されていることから、静脈は容量血管とも呼ばれる。運動時には、静脈に貯留されていた血液が心臓に送り出され、循環する血液量を増やす。

③ 毛細血管の役割

毛細血管の壁は、1ミリメートルの約1000分の1と非常に薄く、酸素と二酸化炭素の交換や栄養素と老廃物の交換などを行っている。これらの働きから、毛細血管は交換血管とも呼ばれる。

2. 動脈の硬さ――「人は血管とともに老いる」

「人は血管（動脈）とともに老いる」というウイリアム・オスラー博士の有名な言葉があるように、加齢とともに動脈は硬くなり、老化していく。実際に、年齢とともに動脈が硬くなることは、多くの実験データで証明されている（Tanaka et al. 2000）。また、動脈の硬さは、加齢だけでなく、普段の生活習慣も影響することがわかっている。暴飲暴食や運動不足は、動脈を硬くするのである。生活習慣

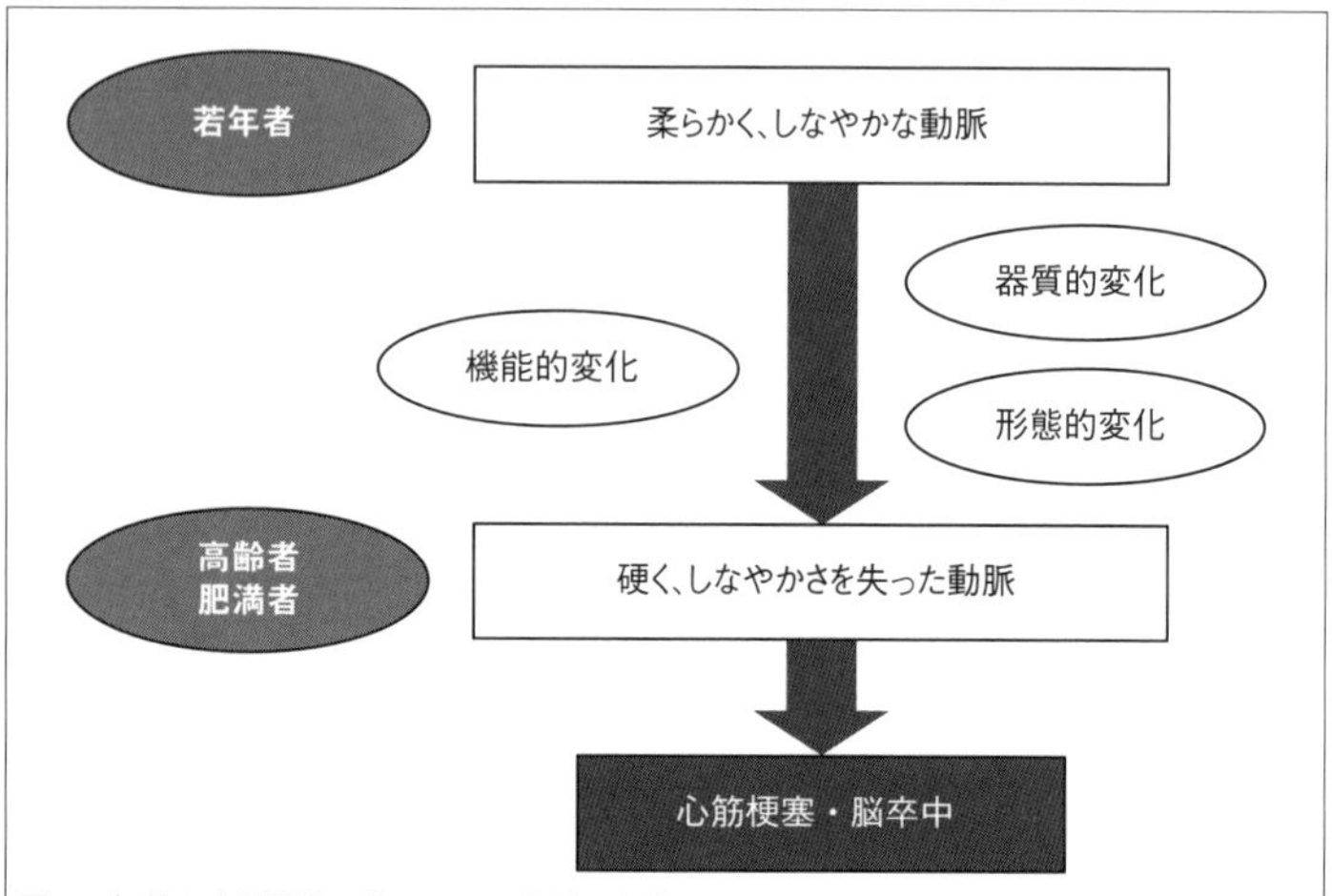

図１　加齢や生活習慣の乱れによる動脈の変化

の乱れによって生じる肥満やメタボリックシンドロームの人では、そうでない人に比べて、動脈が硬くなっていることがデータでも示されている（宮地、2008；Miyaki et al., 2010）。動脈が硬くなると、動脈の主な機能の一つである拍動を緩衝するというクッション機能が低下する。さらに、血管が硬くなることは、血圧の上昇を導くだけでなく、心筋梗塞（心臓の血管が詰まる疾患）や脳卒中（脳の血管が破裂したり、詰まる疾患）といった寝たきりや死につながる病気を引き起こすリスクを高めることも明らかになっている。図1はこれらの関係をまとめたものである。心筋梗塞や脳卒中は日本の死因の上位であり、寝たきりの原因の第1位は脳卒中であることからも、動脈を柔らかく、しなやかに保つことがいかに大切であるかは理解できるであろう。

3．有酸素性運動と動脈の硬さ――有酸素性運動は動脈を若返らせる

①ジョギングやウォーキングは動脈を柔らかくする

加齢や乱れた生活習慣で進行する動脈の硬さの増大を日常の身体活動量の増加や定期的な運動で予防・抑制することができれば、心筋梗塞や脳卒中の発症を予防する上で、その意義はきわめて大きい。

従来、動脈が硬くなることは、老化現象の一つとして考えられていたため、定期的な運動がその進行を抑制する可能性については注目されていなかった。しかし、近年、ジョギングやウォーキングなどの有酸素性運動には動脈を柔らかくする効果があることが明らかになった。高強度の持久性トレーニングを行っている陸上競技の中長距離ランナーでは、運動習慣のない同世代の人と比べて、動脈が柔らかいことが明らかになっている（Otsuki et al., 2007）。これはアスリートだけに限られたことではなく、日常の身体活動量が多いと動脈が柔らかいことや、ジョギングやウォーキングを継続している中高齢者の動脈は、運動習慣のない中高齢者より柔らかいことも分かっている（Tanaka et al., 2000）。さらに、運動トレーニング前後で、動脈の硬さがどう変化するかを検討した研究を紹介しよう。若年者に自転車によるトレーニングを2ヶ月間行ったところ、トレーニング後に動脈が柔らかくなることが明らかになっている（Kakiyama et al., 2005）（図2）。これらの動脈に対する運動効果は、若年者だけでなく、動脈が硬くなっている中高齢者や肥満者であっても、同様の効果が得られること

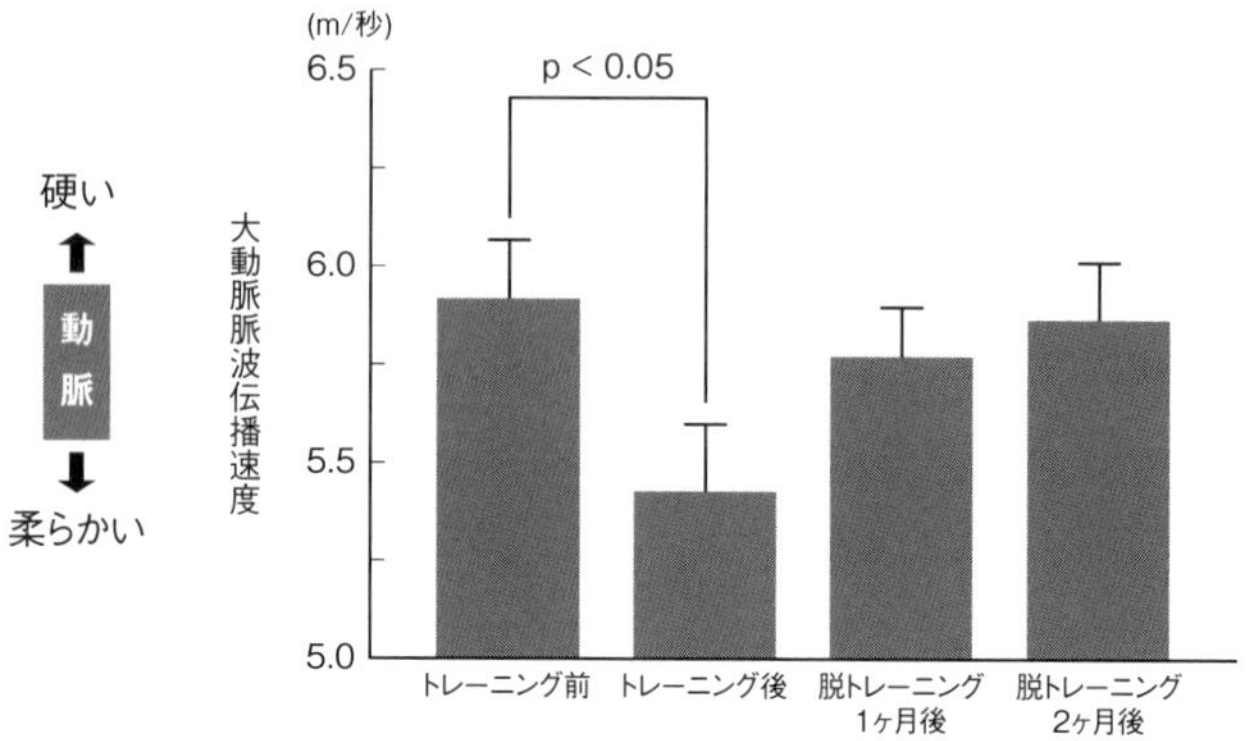

（Kakiyama, et al., *Med Sci Sports Exerc. 37*：267-271, 2005のデータを基に作図）

図２　若年者の２ヶ月間の自転車トレーニング前後における動脈の硬さの変化

がわかっている（Tanaka et al., 2000; Miyaki et al., 2009）。すなわち、ジョギングやウォーキングなどの有酸素性運動は、動脈を柔らかくする効果があり、動脈を若返らせることができるのである。最近では、強度が非常に低い運動や生活活動であっても動脈を柔らかくすることが可能であるというデータも出てきている（Gando et al., 2010）。さらに、興味深いところでは、動脈の硬さは身体の柔軟性とも関連している可能性があるという研究結果もあり、身体が柔らかいほど動脈も柔らかい可能性があるとされている（Yamamoto et al., 2009）。

② 有酸素性運動が動脈を柔らかくするメカニズム

動脈の硬さには、動脈壁の厚さなどの形態的因子、動脈壁を構成する器質的因子、そして動脈の緊張度などを調節する機能的因子が影響する（図１）。これまでの研究で、数ヶ月程度の比較的短期間の運動により、動脈が柔らかくなることが明らかになっていることから、運動で動脈が柔らかくなるメカニズムを考える上で、動脈の機能的因子の改善は重要であると考えられる。

動脈は、血液の流れる内側より、内膜、中膜、外膜の3層の膜から構成されている。このうち、中膜に存在する平滑筋は、収縮と弛緩による緊張度の変化で動脈径を調節している。この平滑筋の緊張度は動脈の硬さにも影響を与える。血管平滑筋の緊張度は、自律神経系やホルモンなどの体液性因子に加えて、内膜の血管内皮細胞が産生する生理活性物質の影響を受ける。かつては、血管の内面を覆う血管内皮細胞は、血液と血管平滑筋の間の単なる物理的な障壁と考えられていたが、血管内皮細胞から血管拡張物質が産生されるという1980年のアメリカのファーチゴット博士らによる大発見以来（Furchgott et al., 1980）、血管内皮細胞は重要な内分泌器官の一つであると認識されるようになった。その後の研究により、血管内皮細胞は、1998年のノーベル生理・医学賞でも有名な血管拡張物質・一酸化窒素（NO：nitric oxide）や血管収縮物質であるエンドセリンなどを産生して、血管平滑筋の緊張度などを調節していることが明らかになった（Moncada et al., 1991; Yanagisawa et al., 1988）。動脈の硬さの観点からは、血管拡張物質であるNOが増えれば動脈は柔らかくなり、逆に血管収縮物質であるエンドセリンが増えれば動脈は硬くなる。

血管内皮細胞が産生するNOやエンドセリンは、有酸素性運動が動脈を柔らかくするメカニズムに重要な役割を果たしていると考えられている。有酸素性運動トレーニングを行うと、動脈が柔らかくなることはすでに述べたが、同時にNOの増加とエンドセリンの低下が認められる（Maeda et al., 2001）。これは、若年者だけでなく高齢者や肥満者においても観察される。また、動物を用いた研究では、運動により大動脈組織におけるNO合成酵素（NO産生に必須の酵素）の遺伝子やタンパクの発現が増加することも明らかになっている（Maeda et al., 2005）。さらに、エンドセリンに関しては、運動により動脈が柔らかくなるメカニズムに、実質的に関与していることがエンドセリンの作用を遮断する薬剤を用いた研究で明らかになっている（Maeda et al., 2009）。この研究では、中高齢者に3ヶ月間の有酸素性運動を行い、その前後でエンドセリンの働きを遮断する薬剤を急性投与すると、トレーニング前は薬剤の急性投与により動脈は柔らかくなるが、動脈が柔らかくなったトレーニング後には薬剤を急性投与しても動脈は柔らかくならなかった（動脈の硬さは変化しなかった）。また、このトレーニング前後でエンドセリンの産生は低下していた。このことから、トレーニングによるエンドセリンの産生低下が動脈を柔らかくしている可能性があると考えられる。このように、定期的な有酸素性運動が動脈を柔らかくするメカニズムには、血管内皮細胞が産生するNOやエンドセリンが重要な働きをしていると考えられている。現在、運動が動脈を柔らかくするメカニズムを明らかにするために、数多くの研究者がこの課題に取り組んでいる。ここではNOとエンドセリンを取り上げたが、NOやエンドセリン以外にも多くの因子が有酸素性運動による動脈の硬さ改善のメカニズムに関与している可能性が示唆されている（Maeda et al., 2005）。

4．筋力トレーニングと動脈の硬さ——ウエイトリフターの動脈は硬い

アメリカスポーツ医学会やアメリカ心臓学会のガイドラインでは、有酸素性運動とともに筋力トレーニングの実施が推奨されている（Pescatello et al., 2004; Williams et al., 2007）。これは、筋力や骨密度の低下を抑制する観点から重要であると考えられている。有酸素性運動と動脈の硬さの研究ほど多くはないものの、筋力トレーニングが動脈の硬さに与える影響についても研究が行われている。高強度の筋力トレーニングを実施しているウエイトリフターなどの筋力鍛錬者は、運動習慣のない人と比べて、驚くことに動脈が硬いことが明らかになっている（Miyachi et al., 2003; Otsuki et al., 2007）。これは、若年者でも中年者でも筋力鍛錬者の動脈は、同世代の人と比べて硬いことが示されている。また、若年者を対象に、4ヶ月間の高強度筋力トレーニングを行うと、動脈が硬くなることが示されている（Miyachi et al., 2004）。このことから、高強度の筋力トレーニングは動脈を硬くすると考えられる。はっきりとしたことはわかっていないが、高強度の筋力トレーニングによって動脈が硬くなることは、筋力トレーニングに対する動脈の適応である可能性が考えられる。高強度の筋力運動を行うと血圧が大きく上昇する。それに耐えるために動脈が硬くなると推察されるが、真実は明らかになっていない。一方、健康の維持・増進や疾病の予防という観点からは、必ずしも高強度の筋力トレーニングは必要ではない。アメリカスポーツ医学会などが推奨している中等度の筋力トレーニ

ング（筋力の増強は認められる）では、動脈が硬くならないことが示されている（Yoshizawa et al., 2009）。また、筋力トレーニングは、筋の収縮様式によっても動脈に対する影響が異なることが示されている。筋を短縮する時に筋力を発揮する短縮性収縮のトレーニングでは動脈は硬くなるが、筋が伸張する時に筋力を発揮する伸張性収縮のトレーニングは動脈を硬くしないことが示されている（Okamoto et al., 2006）。筋力トレーニングを行う上で、これら運動強度や筋の収縮様式に関する知見は重要である。

有酸素性運動と筋力トレーニングの併用に関する研究も行われており、両運動の併用は、筋力トレーニングによる動脈の硬さの増大を抑制することが示されている（Kawano et al., 2006）。また、両運動の併用に関する研究では、運動を行う順番が動脈の硬さに影響を与えるという興味深い結果も得られている。最初に筋力運動を行い、続いて有酸素性運動を行うと、動脈は硬くならずに柔らかくなることが示されている（Okamoto et al., 2007）。両運動を併用する時には、運動を行う順番も考える必要があるのかもしれない。

5．動脈の運動効果――運動効果は貯金できない

これまで、ジョギングやウォーキングなどの有酸素性運動は動脈を柔らかくすることを紹介してき

た。これらの運動の効果は、運動を中止するとすぐに失われることが明らかになっている。若年者における2ヶ月間の自転車によるトレーニングにより、動脈は柔らかくなることを紹介したが、運動を中止するとその1ヶ月後にはトレーニング前の動脈の硬さにもどることが示されている（Kakiyama et al., 2005）（図2）。このことからも分かるように動脈に対する運動の効果は、比較的短期間で得ることができるが、運動を止めるとその効果を失うのも早いことが理解できるであろう。すなわち、運動は継続することが重要になる。一方、高強度の筋力トレーニングを行うと動脈が硬くなることを紹介したが、筋力トレーニングによる動脈の硬さの増大も筋力トレーニングを中止すると、速やかにトレーニング前の動脈の硬さにもどる（Miyachi et al., 2004）。このことからも高強度の筋力トレーニングによる動脈の硬さの増大は、運動による適応である可能性が高いと考えられる。

6．運動効果の個人差――運動効果の個人差の一因は遺伝子

トレーニングの効果には「個人差」がある。同じ内容のトレーニングを同じ期間行っても、同じ競技成績やパフォーマンスが発揮されるわけではない。この個人差が生じる一因には、遺伝子が影響している。肌の色、目の色、髪の毛の色は、人種によって異なる。これらの形質は、遺伝子によって決められている。遺伝子とは、生体の構築や生命活動に必要なタンパク質などの設計図であり、生体の

設計図に刻まれた遺伝子の情報は、タンパク質という形で表現されることによって、その機能を発揮する。

ヒトゲノム（全遺伝子ＤＮＡ）が完全解読され、現在では約２５０００種類の遺伝子が存在することが明らかになった。ヒトゲノムの99・９％は共通であるが、残りの０・１％は異なる。この０・１％の遺伝子の違い（塩基配列の違い）を遺伝子多型と呼び、この遺伝子多型は、肌の色、目の色、髪の毛の色などの見た目の形質だけでなく、太りやすさ、病気のかかりやすさ、さらには運動能力やトレーニング効果などの個人差にも影響を与えている。

定期的な有酸素性運動や身体活動量の増加により、動脈は柔らかくなるが、この効果には個人差がある。この個人差には、遺伝子が関係している可能性が考えられている。これまでに述べてきたように、日常の身体活動量が多い人では、少ない人と比較して、動脈が柔らかい。ところが、動脈の硬さに影響を与える女性ホルモン・エストロゲンの受容体で、ある遺伝子型（ある塩基配列）を持っている人では、身体活動量が多くても少なくても動脈の硬さは変わらない（Hayashi et al. 2008）。すなわち、動脈の硬さに対する運動効果が出にくい遺伝的背景を持っている人がいるのである。エストロゲン受容体の遺伝子多型以外にもさまざまな遺伝子多型で同様の研究結果が報告されていることから（Iemitsu et al. 2006）、遺伝子が動脈の硬さの運動効果に影響を与えている可能性は高いと考えられる。これらの研究がさらに進むことによって、近い将来、遺伝的背景を考慮したオーダーメイドの運動処方が実現する日が来るかもしれない。

7．食生活と動脈の硬さ——食生活も大切

動脈を柔らかくするには、運動の習慣化だけでなく、食生活も重要である。肥満者に3ヶ月間の食事改善（バランスの取れたカロリー制限）を行うと、体重減少とともに動脈が柔らかくなることが示されている（Miyaki et al., 2009）。また、動脈の硬さに影響を与える特定の食品についても多くの研究結果が報告されている（Tanaka et al., 2005）。塩分の過剰摂取は動脈を硬くするが、減塩により、動脈が柔らかくなることが明らかになっている。また、魚やニンニク粉などの摂取も動脈を柔らかくすることが示されている。魚の摂取が多いと動脈が柔らかいという結果では、魚油に含まれる多価不飽和脂肪酸が動脈を柔らかくすることに関与していると考えられている。

このように、運動習慣だけでなく、食生活も動脈の硬さに影響を与える。したがって、動脈を柔らかくするには、運動習慣と食生活が大切であり、これら両者の組み合わせによる生活習慣の改善が特に重要になるであろう。

◆文献

・宮地元彦（２００８）「生活習慣病における運動療法」『動脈硬化予防』第7号、61–70頁。

・Furchgott, R.F., Zawadzki, J.V.（1980）“The obligatory role of endothelial cells in the relaxation of arterial smooth muscle by acetylcholine.” Nature, 288: 373–376.

・Gando, Y., Yamamoto, K., Murakami, H., Ohmori, Y., Kawakami, R., Sanada, K., Higuchi, M., Tabata, I., Miyachi, M.（2010）“Longer time spent in light physical activity is associated with reduced arterial stiffness in older adults.” Hypertension, 56: 540–546.

・Hayashi, K., Maeda, S., Iemitsu, M., Otsuki, T., Sugawara, J., Tanabe, T., Miyauchi, T., Kuno, S., Ajisaka, R., Matsuda, M.（2008）“Estrogen receptor-α genotype affects exercise-related reduction of arterial stiffness.” Med Sci Sports Exerc, 40: 252–257.

・Iemitsu, M., Maeda, S., Otsuki, T., Sugawara, J., Tanabe, T., Jesmin, S., Kuno, S., Ajisaka, R., Miyauchi, T., Matsuda, M.（2006）“Polymorphism in endothelin-related genes limits exercise-induced decreases in arterial stiffness in older subjects.” Hypertension, 47: 928–936.

・Kakiyama, T., Sugawara, J., Murakami, H., Maeda, S., Kuno, S., Matsuda, M.（2005）“Effects of short-term endurance training on aortic distensibility in young males.” Med Sci Sports Exerc, 37: 267–271.

・Kawano, H., Tanaka, H., Miyachi, M.（2006）“Resistance training and arterial compliance: keeping the benefits while minimizing the stiffening.” J Hypertens, 24: 1753–1759.

・Maeda, S., Miyauchi, T., Kakiyama, T., Sugawara, J., Iemitsu, M., Irukayama-Tomobe, Y., Murakami, H., Kumagai, Y., Kuno, S., Matsuda, M.（2001）“Effects of exercise training of 8 weeks and detraining on plasma levels of endothelium-derived factors, endothelin-1 and nitric oxide, in healthy young humans.”

Life Sci, 69: 1005–1016.

・Maeda, S., Iemitsu, M., Miyauchi, T., Kuno, S., Matsuda, M., Tanaka, H. (2005) "Aortic stiffness and aerobic exercise: mechanistic insight from microarray analyses." Med Sci Sports Exerc, 37: 1710–1716.

・Maeda, S., Sugawara, J., Yoshizawa, M., Otsuki, T., Shimojo, N., Jesmin, S., Ajisaka, R., Miyauchi, T., Tanaka, H. (2009) "Involvement of endothelin-1 in habitual exercise-induced increase in arterial compliance." Acta Physiol, 196: 223–229.

・Miyachi, M., Donato, A.J., Yamamoto, K., Takahashi, K., Gates, P.E., Moreau, K.L., Tanaka, H. (2003) "Greater age-related reductions in central arterial compliance in resistance-trained men." Hyertension, 41: 130–135.

・Miyachi, M., Kawano, H., Sugawara, J., Takahashi, K., Hayashi, K., Yamazaki, K., Tabata, I., Tanaka, H. (2004) "Unfavorable effects of resistance training on central arterial compliance: a randomized intervention study." Circulation, 110: 2858–2863.

・Miyaki, A., Maeda, S., Yoshizawa, M., Misono, M., Saito, Y., Sasai, H., Endo, T., Nakata, Y., Tanaka, K., Ajisaka, R. (2009) "Effect of weight reduction with daietary intervention on arterial distensibility and endothelial function in obese men." Angiology, 60: 351–357.

・Miyaki, A., Maeda, S., Yoshizawa, M., Misono, M., Saito, Y., Sasai, H., Kim, M.K., Nakata, Y., Tanaka, K., Ajisaka, R. (2009) "Effect of habitual aerobic exercise on body weight and arterial function in overweight and obese men." Am J Cardiol, 104: 823–828.

・Miyaki, A., Maeda, S., Yoshizawa, M., Misono, M., Sasai, H., Shimojo, N., Tanaka, K., Ajisaka, R. (2010) "Is pentraxin 3 involved in obesity-induced decrease in arterial distensibility?" J Atheroscler Thromb,

17: 278-284.

・Moncada, S., Palmer, R.M., Higgs, E.A.（1991）"Nitric oxide: physiology, pathophysiology, and pharmacology." Pharmacol Rev, 43: 109-142.

・Okamoto, T., Masuhara, M., Ikuta, K.（2006）"Effects of eccentric and concentric resistance training on arterial stiffness." J Hum Hypertens, 20: 348-354.

・Okamoto, T., Masuhara, M., Ikuta, K.（2007）"Combined aerobic and resistance training and vascular function: effect of aerobic exercise before and after resistance training." J Appl Physiol, 103: 1655-1661.

・Otsuki, T., Maeda, S., Iemitsu, M., Saito, Y., Tanimura, Y., Ajisaka, R., Miyauchi, T.（2007）"Vascular endothelium-derived factors and arterial stiffness in strength- and endurance-trained men." Am J Physiol Heart Circ Physiol, 292: H786-H791.

・Pescatello, L.S., Franklin, B.A., Fagard, R., Farquhar, W.B., Kelley, G.A,, Ray, C.A., American College of Sports Medicine.（2004）"American College of Sports Medicine position stand. Exercise and hypertension." Med Sci Sports Exerc, 36: 533-553.

・Tanaka, H., Dinenno, F.A., Monahan, K.D., Clevenger, C.M., DeSouza, C.A., Seals, D.R.（2000）"Aging, habitual exercise, and dynamic arterial compliance." Circulation, 102: 1270-1275.

・Tanaka, H., Safar, M.E.（2005）"Influence of lifestyle modification on arterial stiffness and wave reflections." Am J Hypertens, 18: 137-144.

・Williams, M.A., Haskell, W.L., Ades, P.A., Amsterdam, E.A., Bittner, V., Franklin, B.A., Gulanick, M., Laing, S.T., Stewart, K.J., American Heart Association Council on Clinical Cardiology, American Heart

Association Council on Nutrition, Physical Activity, and Metabolism. (2007) "Resistance exercise in individuals with and without cardiovascular disease: 2007 update: a scientific statement from the American Heart Association Council on Clinical Cardiology and Council on Nutrition, Physical Activity, and Metabolism." Circulation, 116: 572–584.

- Yamamoto, K., Kawano, H., Gando, Y., Iemitsu, M., Murakami, H., Sanada, K., Tanimoto, M., Ohmori, Y., Higuchi, M., Tabata, I., Miyachi, M. (2009) "Poor trunk flexibility is associated with arterial stiffening." Am J Physiol Heart Circ Physiol, 297: H1314-H1318.
- Yanagisawa, M., Kurihara, H., Kimura, S., Tomobe, Y., Kobayashi, M., Mitsui, Y., Yazaki, Y., Goto, K., Masaki, T. (1988) "A novel potent vasoconstrictor peptide produced by vascular endothelial cells." Nature, 332: 411–415.
- Yoshizawa, M., Maeda, S., Miyaki, A., Misono, M., Saito, Y., Tanabe, K., Kuno, S., Ajisaka, R. (2009) "Effect of 12 weeks of moderate-intensity resistance training on arterial stiffness: a randomized controlled trial in women aged 32–59 years." Br J Sports Med, 43: 615–618.

コラム
2

環境とスポーツ
――トップアスリートの調整（ダカール・ラリーと高所トレーニング）

西保　岳
森　達人

２０１４年1月18日、約2週間のダカール・ラリー最終日、サボテンが生い茂る丘を駆け上がった先にあるバルパライソにゴールした2台のトヨタランドクルーザーは、3年ぶりに市販車部門（注1）での優勝を勝ち取った。

ダカール・ラリーとは、アフリカに魅了されたフランスの一青年、ティエリー・サビーヌによって壮大なサハラ砂漠への挑戦として１９７９年から開催されたラリーで、現在では世界一過酷なラリーとして知られ、クロスカントリーラリーの最高峰といわれている。「パリダカ」という名前が表すように、以前はフランスの「パリ」を出発し、セネガルの「ダカール」でゴールを迎えるルート設定であったが、アフリカの通過国の政情が軒並み悪化したため、コースは様々な変遷を経て、２００９年からその舞台を南米大陸に移して南米アルゼンチンの首都ブエノスアイレスからチリを回る周回コースに、２０１２年からはペルーを加えた3カ国を通るルートとなった。

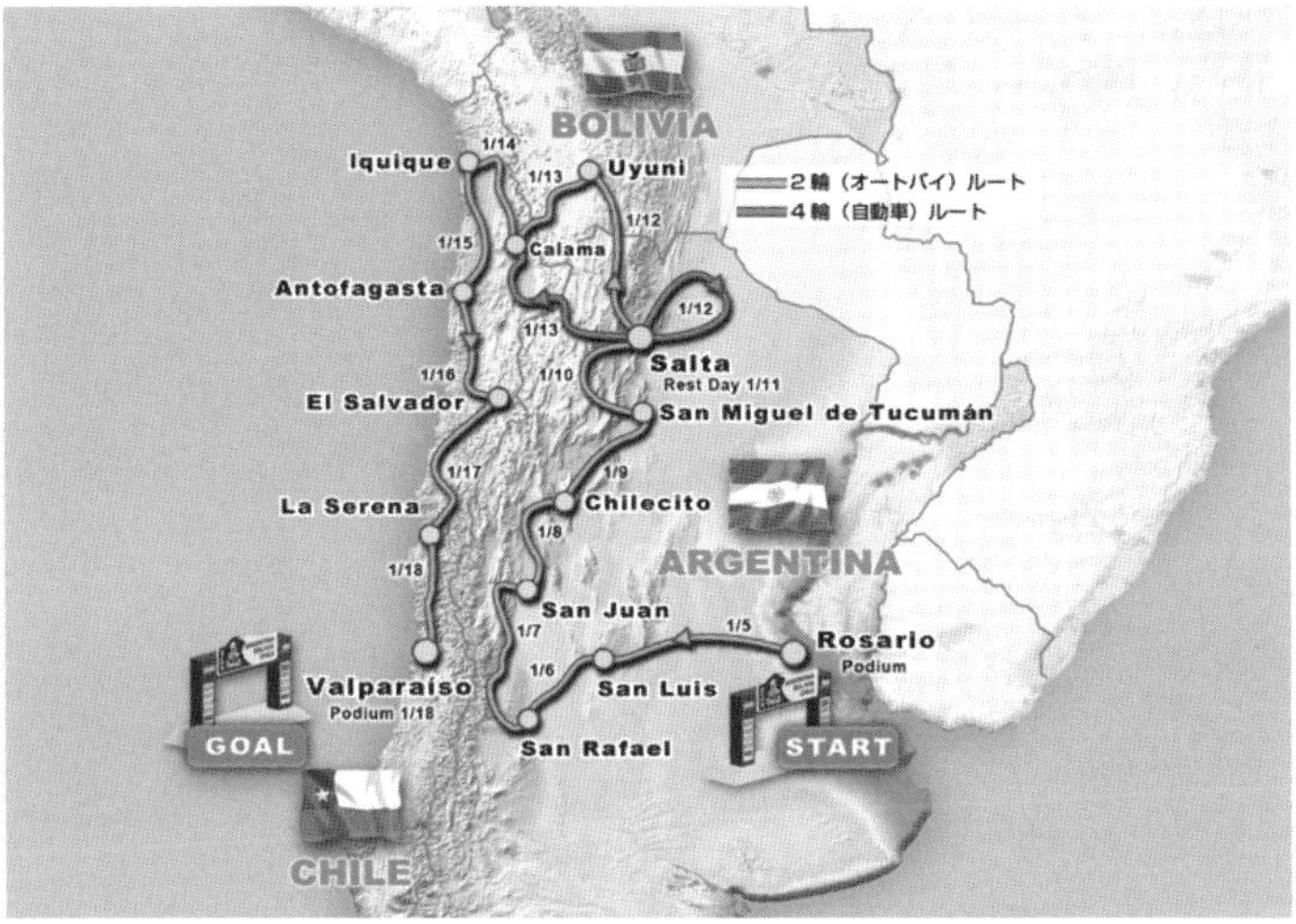

図１　2014年のダカール・ラリーのコース

ダカール・ラリーには様々な車両が参戦しているが、２輪、４輪、カミオン（トラック）などの部門に分けられ、車両に改造があるかないかで市販車部門と改造車部門に分けられ、さらにディーゼルクラスとガソリンクラスに分けられる。毎年５００台前後が参戦し、完走率は30～50％である。ダカール・ラリーは約８０００㎞の距離を約２週間かけて走り抜く。毎日、スタート地とゴール地が決められており、その行程はステージと呼ばれる。さらに、一つのステージもリエゾンとＳＳ（スペシャルステージ）とに分けられる。ＳＳは、競技区間のためタイム計測がされ、このＳＳでのタイムにペナルティーで与えられたタイムを加算したものがリザルト（成績）となる。各ステージのリザルトの合計が、総合リザルトとなり、総合リザルトのタイムが一番早い者が優勝となる。

チームランドクルーザートヨタオートボデー（通称TLC）は、現在はトヨタ車体が母体となっているが、1995年にアラコ（当時）がスタートさせた。このラリー参戦活動を2004年のトヨタ車体とアラコの合併により、トヨタ車体がそれを引き継いでいる。その間、市販車部門での6連覇など輝かしい戦歴を持つ。市販車部門とは先に述べたように改造を最小限にしており、市販車そのものの性能に依存するため、日本車の性能を世界に示す意味においても意義のある成果といえる。

2008年夏、翌2009年1月の大会からコースがアフリカから南米へ変更となるため、当時TLC監督の森達人は、新たなコースへの対応を模索していた。おおよそのコースを視察する段階で、アンデス山脈を通過する区間に4500mの高所があることに気づいた。学生時代に受けた運動生理学の授業で、高所はすなわち低酸素環境であり、そこでは運動パフォーマンスが低下すること、さらに、これを克服するトレーニングについて学んだ記憶がよみがえった。

我々が通常生活している場所（平地：海抜0m付近）において、大気圧（空気の圧力）は約760㎜Hgである。高所に登るとこの大気圧が減少し、例えば、1968年に夏季オリンピックが行われたメキシコシティ（標高2400m）では580㎜Hgとなる。このように大気圧が減少した環境のことを低圧環境という。空気のガス組成は高所でも平地と同様であるので酸素濃度は20・93％である。したがって、酸素分圧（大気中における酸素の圧力）は、平地では159㎜Hgで、メキシコシティでは121㎜Hgとなる。この酸素分圧の低下した環境を低酸素環境という。したがって、高所は低酸素環境といえる。例えば、富士山山頂（3700m）では、大気圧460㎜Hg（平地の約60％）で、平地における12～13％酸素吸入相当である。

アンデス山脈での4500mの高所では、この酸素分圧がさらに低下するため、肺胞での赤血球内のヘモグロビンへの酸素移動が減少する。その結果、動脈血に含まれる酸素は約80～90％に低下し、有酸素的運動能力の指標である最大酸素摂取量は平地に比べて30％低下する。このような高所に行ってしばらくは、頭痛、吐き気、発熱、息切れ、脱力感、不眠の状態となることがある。また、呼吸数や心拍数は増加し、血圧は低下する。このような高所での初期の身体の反応のことを急性適応というが、状態がさらに悪化した場合を「急性高山病」（AMS：acute mountain sickness）という。ラリードライバーの運転中の心拍数はおよそ130拍／分と報告されており、1日8時間以上の運転をするとかなりの酸素消費量と考えられる。したがって、高所における脳や筋肉への酸素供給の低下は競技パフォーマンスに大きな影響をおよぼすと考えられる。

特に、脳に対する影響は、高速走行において的確な判断を必要とするラリーにおいては深刻な問題である。教科書や講義からの知識ではわかっていても、実際に低酸素における身体の反応を経験している人はほとんどいない。当時TLC監督森自身は南米コース視察中に経験したが、ドライバーやナビゲーター、さらにメカニックらサポートスタッフは未体験である。これらが、低圧低酸素への身体の順応について考えるため、筑波大学体育系運動生理学研究室を訪れることになった次第である。

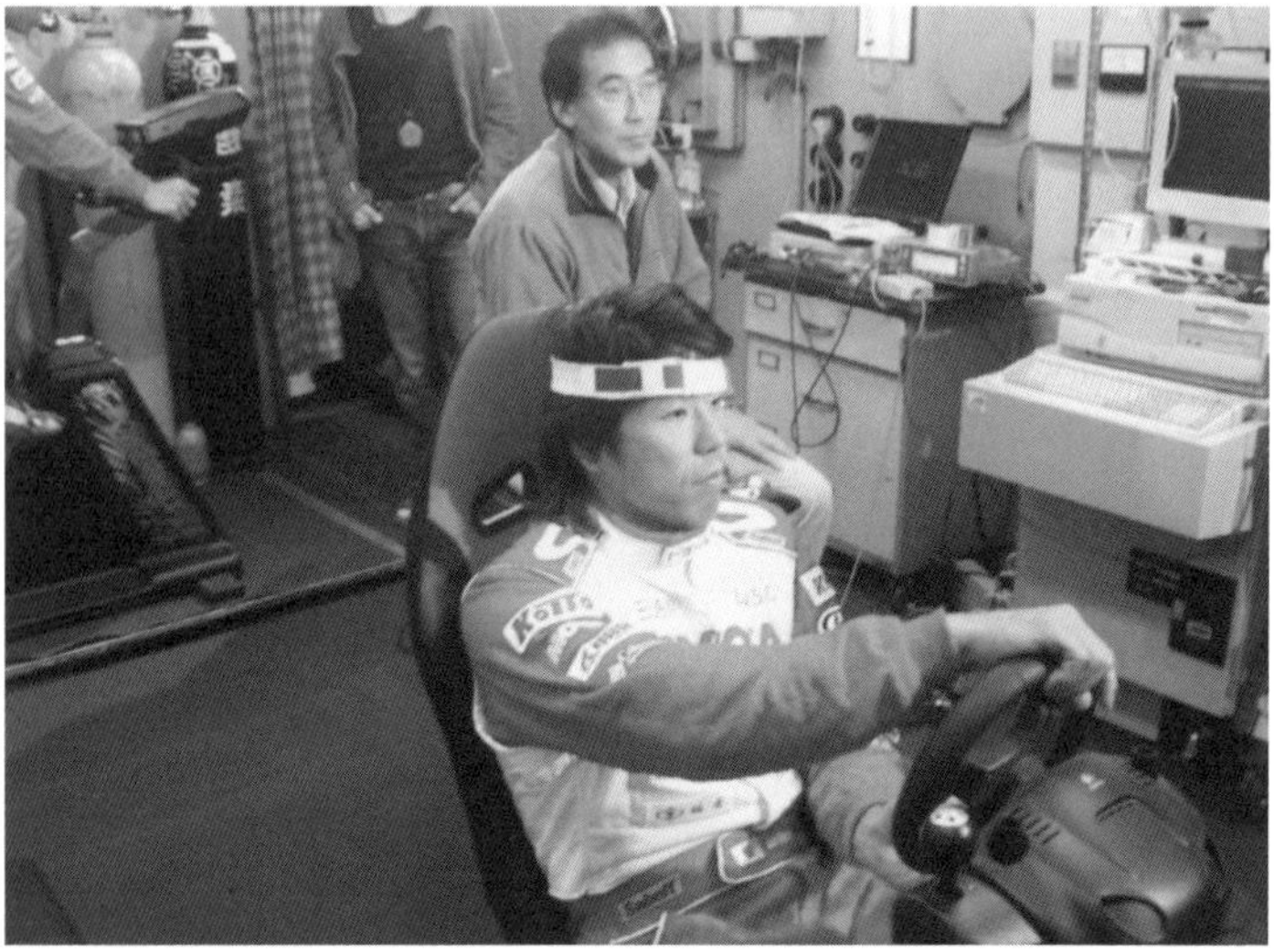

図２　低酸素環境下でドライビングのシミュレーションをする三橋ドライバー

２００８年秋以降、チームのドライバーを務める三橋氏やジボン氏、ナビゲーターの三浦氏や田中氏、さらにメカニックの面々が、５０００ｍの高所に相当する低圧低酸素環境において、身体や判断力がどのように変わるか、について講義と実際に体験することによって学んできている（一種の高所トレーニング）。まず、低酸素ではない通常の空気環境下で一定強度の自転車エルゴメーターを10分間行い、その時の心拍数や血液中の酸素飽和度さらに感覚的なきつさを評価する。続いて2０００、３５００、５０００ｍ高度相当の低圧低酸素環境で同様の評価を行う。高度が高くなる（低圧）につれて先に述べたような生理反応を経験することになる。特に、眠気が強くなること、視野が狭くなること、判断力が鈍ること、運動をすると症状

図3　低酸素環境下で自転車運動をするサポートスタッフ

が悪化すること、また、落ち着いて深呼吸することによってこれらの症状が改善されることを経験する。さらに、このような症状は個人によってその程度が大きく違うこともわかった。

このような経験によって、実際のダカール・ラリーにおいては、他のチームが初体験の低酸素に悩まされる中、TLCでは適切な対処によって過去5年間に競技上問題となることはなかった。2014年のラリーの7日目終了直後の三橋ドライバーのブログを以下に示す。

2014年1月12日　ラリー7日目　標高3000m超のコース（最高4200m）をおえての三橋ドライバーのコメント（レース直後のTLCブログより）

「SSをスタートしてからなんだか眠たくなってきて、高山病の影響だと気づきました。

図４　砂漠地帯を疾走するランドクルーザー

その後頭痛もしてきて路面が見えにくくなったりしたので、気をつけて走ってきました。そうした状態に気づくくらい冷静に走れていたということですが、はじめての経験でちょっと驚きました。」

三橋ドライバーはコース変更前（２００８年秋）から熱心に高所トレーニングに参加していた。短時間の低酸素経験ではほかのメンバーに比べて高山病の症状をほとんど示さなかった（低酸素に強い体質）。今回はめずらしく症状が出たけれども、知識と経験からの対応が功を奏したといえるだろう。

今回紹介した低酸素環境は、脳機能をはじめ呼吸循環機能を低下させる。脳機能の低下は意欲や判断力に影響し、結果として、身体を動かすことによって生ずるパフォーマンスを低下させる。すなわち、高所という低酸素環境が、いかにアスリートのこころとからだに影響するかを示す端的な例である。今回紹介したＴＬＣの低酸素への対応は、世界一過酷といわれるダカール・ラリーで勝つためのほんの一部の取り組みである。しかしながら高いパフォーマンスが要求される国際競技でトップアスリートがよい成績を残すためには、このような総合的な取り組みが必須であろう。

注１：市販車部門の車両とは、１０００台／年以上生産されている市販の車両に、定められた安全装置（ロールケージ・６点シートベルト等の装備がなされた車両。主要部品（エンジン・ミッション・デフ等）の交換は禁止されている。

◆文献

・Team Land Cruiser Toyota Auto Body Official Web Site（http://www.toyota-body.co.jp/dakar/pc/index.html）

第3部

楽しく動くことの意味

第7章

たくましい子どもを育む「プレ(イ＋トレ)ーニングのすすめ」

長谷川　聖修

1．ドイツの体操事情から

動いて暮らそう「Leben in Bewegung」。これは、2013年5月にドイツで開催された体操祭(Turnfest)の大会テーマである。マンハイム市を中心に、8万人近い老若男女が集い、様々なスポーツイベントが行われた。これに参加した筆者は、子どもたちの様々な活動を垣間見る機会を得た。ここでの具体例を取り上げながら、子どもの「たくましさ」を育むためのヒントを探ることとする。

① 多様な体験が子どもを育む

子どものための運動用具を紹介する展示場には、魅力的な遊具が置かれていた。ここでは、沢山の子どもたちが歓声を上げながら、無我夢中になって遊び続けていた(写真1)。日本と異なるのは、子どもたちに遊具の使い方などを指導したり、管理する大人をあまり見かけなかったことだ。子どもたちは、それぞれの責任で自由に遊具と戯れている姿が心に残った。これまですでに、こうした環境で活動することに慣れているようにも思われた。まるで、テレビゲームの中のキャラクターが小さな

ミニトランポリンが組み込まれたマット

様々な木製の乗り物

クッションを入れてプールのように

立体的なバランス遊具

写真１　ドイツ体操祭における子どもの遊戯広場の例

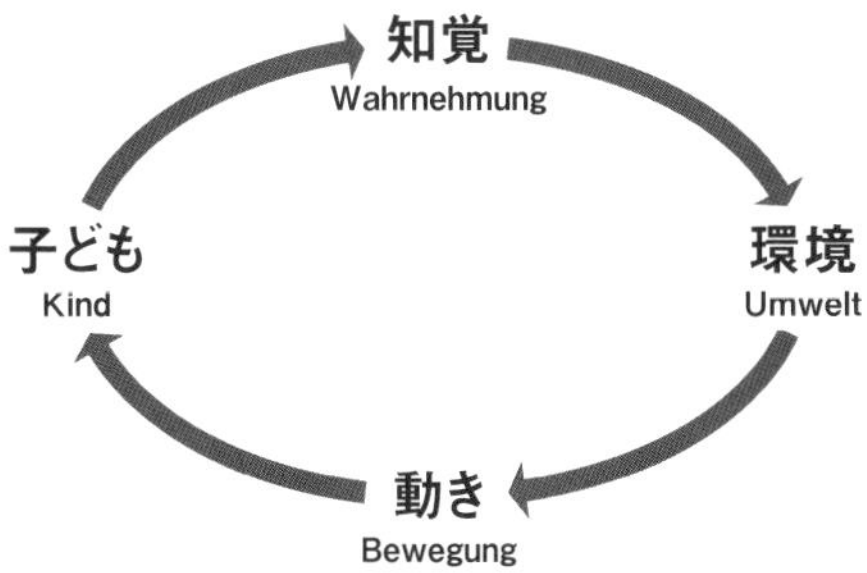

図１　子どもと環境

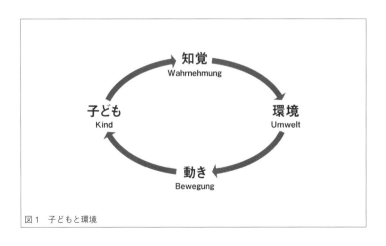

写真２　ユニークな絵が描かれた補助マット

画面を飛び出して、実際に「跳んだり、滑ったり、転がったり」と遊び回っているようにも感じられた。

こうした変化に富んだ運動環境に置くことで、子どもたちが生き生きと動き続けることとの重要性を再認識した。

本来、子どもたちが動きに主体的に取り組む姿勢は、周囲の仲間やモノとの具体的なかかわり合いの中で生まれてくる。子どもたちは、自分を取り巻く環境から様々な情報を獲得し、同時に環境に対して積極的に自らを発信してかかわっていく。これは、どこからはじまるというよりは、一つの環状的なまとまり（ゲシュタルトクライス：Gestaltkreis 図１）をつくっていると理解される。すなわち、多様な場づくりによって子ども自らが動き出し、動きが新たな環境をつくり上げ、さらに動きの世界が広がっていくのである。

様々な用具の中で目を引いたのは、平均台の下に置かれたマットである（写真２）。そこには、大きなウジ虫や化け物の手が実にリアルに描かれていた。こうすると平均台は、感性豊かな子どもたちにとって単に運動用具ではなく、スリリングな冒険の中の「橋」へとイメージチェンジしてしまうのかもしれない。この上を歩く子どもが少し緊張した面持ちで、その小さな手で父親の手をしっかりとにぎっている姿は印象的であった。

本来、マットは平均台から落下した時に安全を確保するのが役割である。しかし、子どもの発達段階を充分に配慮し、敢えてそこにネガティブなイメージの絵を加えるという「遊び心」は、子どもたちの運動世界に一層豊かな彩りを加えるだろう。時には、こうした恐怖心を抱かせる場を意図して設定し、子どもの頃から適度に怖さを体験することも、精神的な面から「たくましさ」を育むための素地になると思われる。

日本においても平均台は、どこの体育館にもあり、器械運動の用具の一つとして、あるいは平衡能力を養う教具として利用されている。しかし、この運動のルーツを辿れば、1811年に「ドイツ体操（Turnen）の父」と呼ばれるヤーンが丸太を横にして歩いて渡る素朴な運動として取り上げたものである。今でいえば、フィールドアスレチックのような運動内容で、横木上で仲間とバランスを崩し合う遊戯的な活動であったことを忘れてはならない。

② 勇気とは何か

多様な遊具といったハード面だけではなく、ソフト面も豊富に準備され、フィットネス系のレッスンやワークショップなどを通じて、様々な指導内容が公開されていた。それらの中から「子どもをたくましくする『Kinder stark machen』（http://www.kinderstarkmachen.de）」というプロジェクト

写真３　子どもをたくましくするプロジェクトの活動シーン

における指導の一部を紹介する。

これは、まず、幼稚園から小学校低学年くらいの子どもを対象に、簡単な言葉の意味を問うクイズのような知的な学習活動からはじまった。子どもたちは、問われた言葉の意味をそれぞれにわかる範囲で答えていった。

最後の問いは、「勇気（Mut）、これはどういうことかな」。すると突如、舞台の中央で指導者は黒のサングラスを掛けて、棒の先に火をつけた。そして、その小さな炎を見つめて微笑み、こう叫んだ。「勇気のある子はこの火を跳び越えてごらん」。参加していた子どもたちは、フロアーの端から次々に走り出し、その炎の上をジャンプした（写真3）。火を持った指導者は、走ってくる子どもの能力をきちんと見極めて、持っている火の高さや方向を細かく調整していた。もちろん、怖がって火に近づけない子もいた。この場合、躊躇なく、別のスタッフが子どもの手を引いて一緒に跳び越えるなど、細部にわたり配慮が行き届いていた。

この挑戦を通じて、「勇気」という意味を概念として理解させるだけでなく、「からだ」を使って火を跳び越える「動き」の中で体感し、身につけさせようとする試みだと感じられた。木村（2002）は、身体感覚に裏づけられた言語の重要性について次のように述べている。「『重い』ボールを投げたことのない人間、『重い』荷物を持ったことのない人間、『重い』相手を押したことのない人間が『重い』気持ちを真に理解できるだろうか。（中略）たしかに頭では理解できるかもしれない。しかし『身をもって』理解することはおそらく難しいだろう。この『身をもって』の体験こそが急速な情報化が進展する現代社会では希薄化しているのである」。ドイツにおいても木村が指摘する身体感覚で言語を理解することの重要性が問われているのであろう。

子どもたちに小さな勇気を試させるという企画であったが、この企画自体を実施するには、まず大人たちの側に相当の覚悟と大きな勇気が不可欠であると思われた。この『Kinder stark machen』の活動は薬物中毒者の予防キャンペーンに関連するなど、ドイツにおける独特の文化や生活習慣の上に生まれたものである。また、ドイツでは一般的に日本よりも火に対する抵抗感が少ないなど、風土の異なる日本の事情と単純に比較はできない。しかし、日本において「たくましい」子どもを育むために乗り越えるべき課題が何かを感じることができた。

③ かわいい子には旅をさせろ

筆者は、日本の首都圏にある小学校を訪れ、玄関にある全ての柱にマットが巻かれている光景に出会ったことがある。柱の角にぶつかって擦り傷を負った児童の親からクレームがあり、学校側としては、やむを得ず緊急対応したとのことであった。このように怪我などが発生すると、まず設置者や管理者の責任が問われることから、結果として安全への管理が過度な事態に陥ってしまう。具体的には、公園や校庭からブランコやすべり台など、子どもたちの大好きな遊具は次々に撤去されるという実態が進んでいる。また、公園などの遊び場には「〇〇禁止」の掲示ばかりである。確かに、危険な要素を取り除いていけば、目先の小さな怪我は減るかもしれない。しかし、現代を生きる私たちから、自然災害を含め、将来にわたって遭遇する全ての危機的状況を排除することなど、到底不可能である。無論、運動施設の安全管理の重要性は大前提であるが、ほどよくリスクともつき合うバランス感覚を忘れてはならない。子どもは、多様な環境に置かれて、その順応力が養われ、たくましく生き抜く力を一歩一歩身につけていくのである。

近年「転んでも手が出ない子」が増えたと言われて久しい。つまずくなど、転倒現象が起きた際にサッと足や手を出すことができずに、頭部や顔を直接床や地面に打ちつける傷害事故件数が増加し続けている。こうした危機回避能力が低下した要因は実に簡単で、多様に転ぶ体験の不足である。知育偏重や遊び場の減少、さらにスポーツさえ疑似体験型ゲームで楽しむなど、様々な要因が複雑に絡み合って、小さい頃から全身を使った遊びをする機会が激減している。不安定な姿勢で遊ぶ身体経験が乏しいので、危機を回避するためのバランス感覚が育たないのだ。つまり、転倒を回避する能力や転倒した場合の安全な身のこなしは、様々な状況の中で、これに類似した動作、つまり安全な範囲で多様に「転ぶ」体験を積み重ねていかなければ身につけることはできない。

言い方を変えれば、子どもたちにとって最も危険な状態は、「危ないことを一切させない」ことだ。周囲の大人が子どもの喜ぶ遊具を撤去するように、起こりうる危険の全てを先回りして無くしていくことはいかがなものかと思う。無論、実際に重大な怪我が生じる本当の危機は避けねばならない。しかし、子犬や子猫が自然に仲間とじゃれて遊ぶように、ほどよく危ない経験も積み重ねていかなければならない。そのために、子ども自身がどうすれば危ないか、危なくないかを判断できる場を大人たちの責任で提供できるかが問われよう。まず、少し危ない要素を含んだ遊びを大らかに見守ることのできる大人たちの姿勢が問われている。つまり、社会的風土としての「たくましさ」なしには、たくましい子どもを育むことはできない。日本のことわざにも「かわいい子には旅をさせろ」というではないか。このことをドイツでの多様で魅力的な遊具や大胆でいて繊細な指導内容の事情から学びたいものである。

2. たくましい子どもを育むためには

① たくましさの基本はFUNdamental

「時間泥棒」は、ミヒャエル・エンデ（1973）の童話「モモ」の中に登場する。彼らは「時は金なり」と説きながら人々の穏やかな暮らしから、「今」という大切な時間を次々に奪っていくのである。エンデは、モモという名の少女がこの時間泥棒と戦う果敢な姿を通して、近代化という名のもとに効率化が進み、物質的な豊かさと引き替えに、人間性が失われていく危うさをあらわした。

この童話を利便性が一層進んだ今の日本に置き換えると、多様な身体活動は様々な機械によって自動化され、「時間」だけでなく、知らないうちに豊かであった「動き」も誰かに盗まれているように感じられる。

「スポーツなんて、めんどっちい！ だって、テレビゲームやってる方が楽しい」。これは、潜んでいる泥棒に動きを盗まれた子どもたちの本音かもしれない。なぜなら、テレビゲームのコントローラーを操作するだけで、野球・サッカー・テニスなど、人気のスポーツをテレビ画面の中で容易に仮想体験できてしまうからだ。しかも、さらに深刻なのは、実際に生身のからだでスポーツに取り組んだ際に、ゲーム上で仮想体験したような感覚が全く通じないことだ。これが、本来楽しいはずのスポーツを「面倒くさい」と感じさせる要因の一つになっているのだろうか。

ヒトも動物の一種であるという生物学的な存在を私たちは忘れている。子どもの頃に多様な運動欲求を持ち、あらゆる事象に興味を持って活動するのが本来の姿であろう。しかし、昨今、「運動する子としない子の二極化」が問題となっている。ことに、後者のしない子たちは、前述の「動き泥棒」の被害者といえる。では、高度に情報化が進み、利便性に富んだ生活の中で暮らす子どもたちに「運動したい」という意欲を持たせるためにはどうすればよいのだろう。

まずは、ドイツ体操祭の事例で示したようにテレビゲームに負けないような魅力的な運動環境を整備していくことも必要であろう。

加えて、従来のスポーツや運動指導で常識とされてきた「相手に勝つ」「技ができる」「記録を向上させる」という目標達成を重視してきた指導方法の発想も変えてみてはどうかと思う。こうした「〜のために」という目的指向で運動に取り組ませるのは、その目的に意欲を持っている子どもにだけ通じる話である。運動に対して苦手意識を持っている場合は、重点は「何かができるようになる」という目的よりも、活動のプロセスそのものに、楽しさや心地よさを体験できることが最も重要であると考える。

「好きこそものの上手なれ」というように、動くことそのものの楽しさ（FUN）を味わうことがまさに基本（FUNdamental）である。結局のところ、「たくましさ」は誰かに鍛えられたり指導されたりして身につくものでない。子ども自身が興味を持って主体的に取り組み、失敗したり、つまずいてでも何度でも挑戦する営みの中で、結果としてたくましい心身が育まれていくのである。

② プレ（イ＋トレ）ーニングのすすめ

リハビリ用具として開発されたGボール（注）は、バランス感覚を養ったり、体幹筋を鍛えるといった明確な目的で使用されている。現在では、フィットネス分野や競技スポーツの分野でもトレーニン

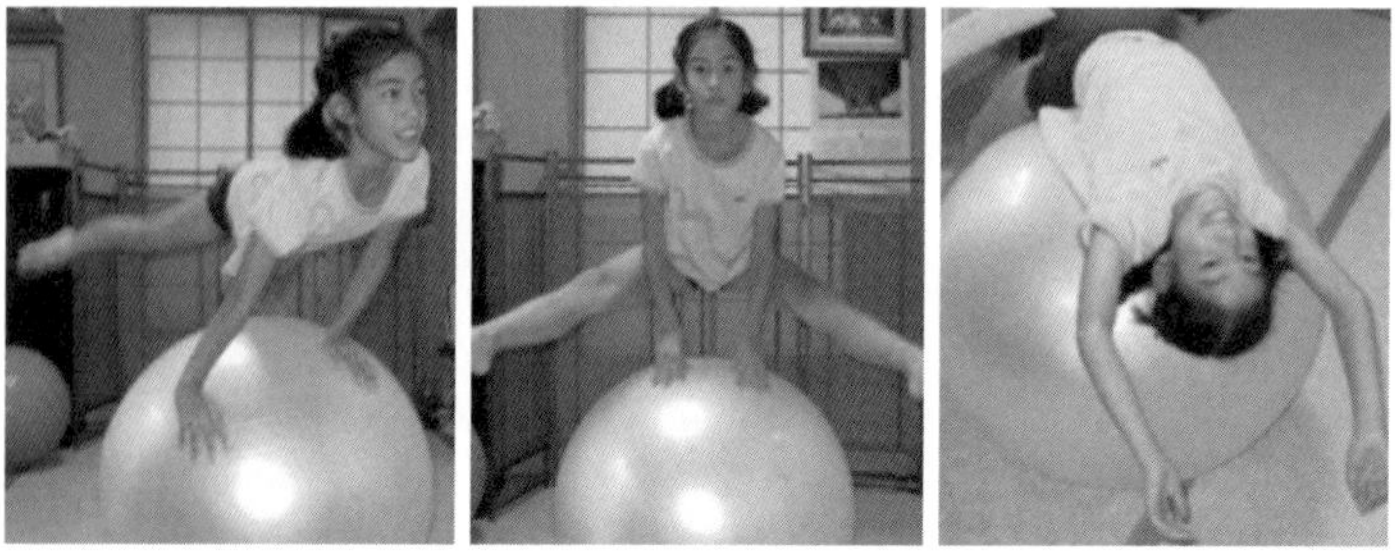

写真４　自由自在にＧボールを操る様子

グ用具としても幅広く普及している。つまり、「何かのために」という意識を持って実践されるのが一般的である。

しかし、15年ほど前にGボールが大好きな小学3年生の少女と出会ってから、筆者の考え方は変わった。彼女は、日常生活の座る場面で椅子の替わりにずっとGボールに乗っていた。食事や勉強をする時も、テレビを見る時も常にボールに乗っていた。すると、様々な姿勢で乗ったまま、自由に弾みながら移動することができるようになってしまった（写真4）。

まるでトランポリンの上で跳ねているように、自由自在に空中バウンドを楽しむのだ。彼女の「遊び心」から自然発生的に生まれた「運動遊び」である。さらに驚いたのは、その運動の効果である。Gボール上でバウンドした際の腰背部の筋活動量は、背筋力計の最大牽引時と同等かそれ以上である（写真5）。つまり、無我夢中になってボールに身を預けて遊びながら結果として体幹筋へのトレーニング効果が期待できることが明らかになった。

そこで「巧みに身体を動かす喜びを感じる営みプレイ」と「効果を

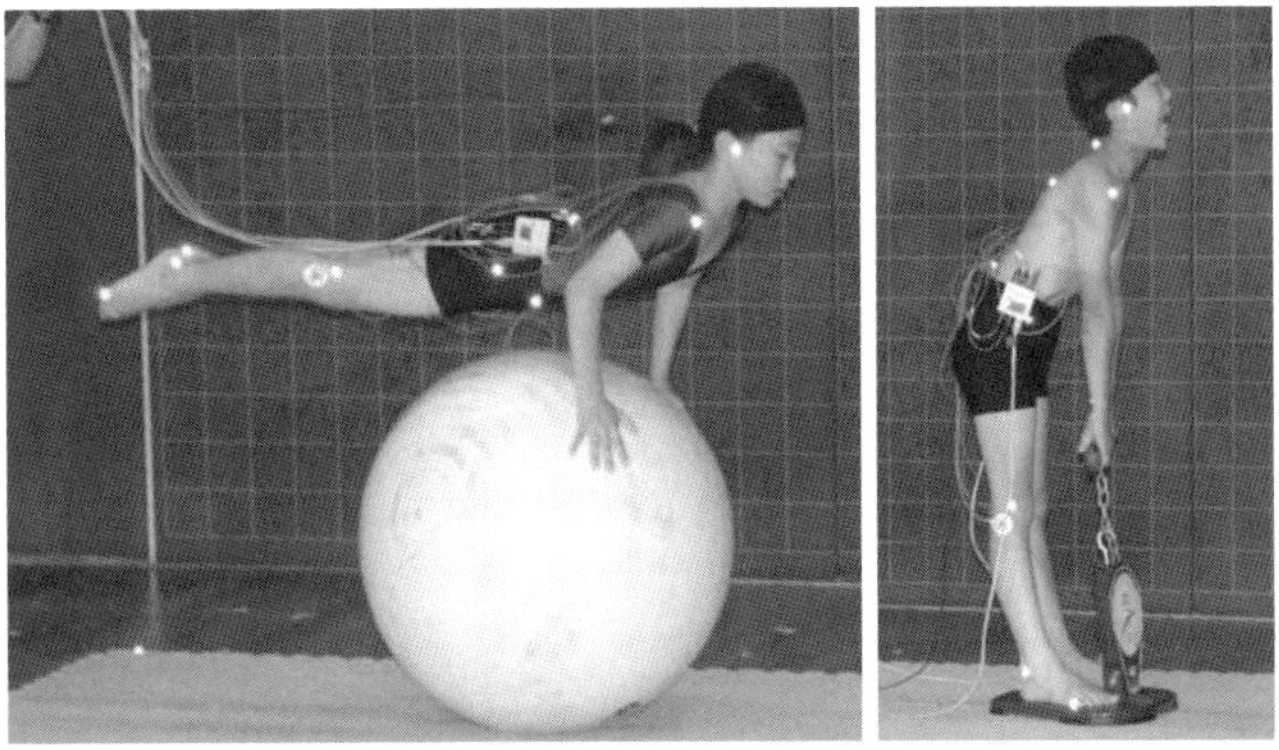

写真５　アクロバットバウンドと背筋力測定

目指すトレーニング」を組み合わせて「プレ（イ・トレ）ーニング」とし、略して「プレーニング」という造語をイメージしてみた。日本語では両概念は、対極として捉えられている傾向がある。プレイは無我夢中になって遊ぶことであり、そのプロセスに意味があり成果を求めるものではない。一方、トレーニングは目的的な行為であり、一定の成果を求めて計画的に遂行される。体育やスポーツの実践的な場面では「Gボール運動」のように、両者が互いに補い合う運動プログラムは数多く存在している。対極化された指向よりも、こうした遊技的な活動の中に身体負荷の強い要素を含んでいく運動内容は、身体運動の深まりを一層豊かにしてくれると考える。

教育現場において、体つくり運動における学習内容は、低学年では「運動遊び」と明記されているが、中学年からは「運動」となり、高学年では「ねらいのより明確な課題」が示されている。発達段階に応じて、徐々にトレーニング色が強まる傾向は否めない。しかし、実際には、どの年齢におい

写真６　Ｇボール運動の活動例

ても「プレイ」と「トレーニング」を分けずに、多面的で主体的な「運動遊び」を出発点にしてほしい。楽しければ、子どもたちは継続して取り組み、結局のところ、トレーニング効果も大きくなることはいうまでもない。

　さらに、グラグラしフワフワするＧボールは、子どもたちに多様な姿勢でのバランス課題を求めてくる。つまり、結果として沢山転ぶ失敗を体験する。不思議であるが、誰もが転ぶと笑う。人は、転ぶことで別の世界へと倒錯する喜びを感じているのかもしれない。これは、カイヨワ（１９９０）のいう遊びの要素イリンクス（Ilinx 眩暈）に通じる。失敗が楽しければ、何度でも課題に取り組むことになり、笑顔の輪が広がる。人は、どんなに進化しても動物の一種であり、失敗を含めて多様に、そして主体的に「動く」ことこそが「たくましく」生きる力の源泉だと信じる。

注：『新小学校学習指導要領解説 体育編』41頁に以下の通り「Gボール」と記載された。〈2 内容 A 体つくり運動〉（ウ）用具を操作する運動 ○用具に乗るなどの動きで構成される運動・Gボールに乗って、軽くはずんだり転がったりすること。

◆**文献**

・池田延行、長谷川聖修（2010）『乗って、弾んで、転がって！ちゃれんGボール』明治図書。
・沖田祐蔵、長谷川聖修、本谷 聡（2002）「Gボールを用いたアクロバティックなバウンドに関する研究」『日本体操学会第2回大会号』。
・カイヨウ、R（1990）『遊びと人間』多田道太郎、塚本幹夫訳、講談社学術文庫。
・カリエール、B（2003）『スイスボール』冨田昌夫訳、シュプリンガー・フェアラーク東京。
・木村真知子（2002）「からだの教養」『子どもと体育』122号。

第8章　若者のための身体技法

遠藤　卓郎

1. 体のこと知っていますか?

あなたの心拍数はどれくらいか知っていますか、と尋ねると、大抵の日本人は数値で答えることができる。大雑把だが、日本人青年の安静時心拍数は1分間におよそ60～70回くらいである。

ところで呼吸数についてはどうだろうか。「あなたは自分が1分間に何回くらい呼吸しているか知っていますか」と尋ねると、ほとんどの人は知らないと答えるだろう。大学の授業等で学生たちに尋ねてみても99％の学生たちは知らないと答える。中には「そんなこと考えたこともない」などという出す学生もいる。正直なところだろう。ちなみに日本人青年の安静時呼吸数は1分間におよそ10～15回である。

このように私たちは自分の体のことを知っているようで実は知らないことも多い。意外に平凡なこと、日常的なことの中に知らないでいることは多い。例えば、「自分の足の裏がどうなっているか見たことがありますか、あるいは観察したことがありますか」と尋ねると若い人ほど怪訝な顔をしたりする。大学の授業で足の指や足裏をほぐすワークをする時など、「生まれてはじめて自分の足の裏をじっくり見ました」という声がしばしば聞こえてくる。

若い人たちは自分の体に興味や関心がないのだろうか。そうでもないような気がする。電車に乗った時など座席でお化粧をしている女の人を時々見かけるが、とても集中して熱心にお化粧をしている。自分の顔にはとても強い関心があるようである。

そのほかにも、日常的なことで気に掛けていることとそうでないことは沢山あるが、重要な例として食事と呼吸がある。大なり小なりほとんどの人は食事のことによく気を配っている。栄養のバランスがとれた食事を摂らなくてはいけないとか、規則正しい食生活を送るとか、食べ過ぎ・飲み過ぎに気をつけるとか、時にはよく噛んで食べる等、食べ方にまで注意を払っている。でもその摂取された栄養がエネルギーになるためには酸素が必要である。いうまでもなく、酸素は呼吸によって体内に取り込まれる。その大切な呼吸のはずなのだが、なぜか呼吸の仕方については無関心な人が多い。この呼吸なしには生きていけないのもわかっているはずなのだが、食事ほどには関心を払っていないというのが現実である。しかしここで敢えて確認してほしいことがある。人間が生きていくためのエネルギーを得る手段は、この食事と呼吸という二つしかないという事実である。あたり前のことだが、なおざりにされている最たるものの一つである。もしも食事のことに気を配るほどに呼吸の仕方に気を配るとすれば、生活の質がどれほど改善されることか想像してみてほしい。

呼吸は、意識しないでも自然に行われているが、意識的・自覚的に行うこともできる。その意識的に行う呼吸のことを、ここでは呼吸法と言っておこう。そういった呼吸法も一つの体の技術ということができる。呼吸法に限らず、体に直接的に働きかけて体を開発していく技法のことをここでは身体技法と呼んでおきたいが、この章ではあまり専門的な技法ではなくて、「体と心の落ち着く呼吸法」、「楽な立ち方の見つけ方」、「ぐっすり眠るための寝方の工夫」など、誰にも簡単にできて、すぐに効果が確かめられるものを紹介するとしよう。

2. 体と心の落ち着く呼吸法――円笑呼吸法

前に述べたように現代生活ではあまり省みられない呼吸だが、少しその気になって目を向けてみれば昔から色々な呼吸法が開発されてきている。よく知られているところでは腹式呼吸法、片鼻呼吸法、丹田呼吸法等がある。その呼吸法も鍛錬すれば、1分に1回くらいの呼吸ですませることができる人もいるといわれている。もちろん一呼吸の長さだけで、その呼吸の質やレベルを判断しようとするのは馬鹿げているが、素人にはやはり驚きだ。しかし、普通の人でも少し練習すれば、1分間に2～4回くらいの呼吸数にはすぐになることができる。しかも安定して気持ちよく行うことができる。呼吸に対する考え方を検討するだけでも違ってくる。自然呼吸だと思っていたものが、実は知らない間に思い込んでいた呼吸の仕方、家族や一族や世間の皆がやっている呼吸の仕方だったという可能性もなくはない。

確かめるために、まずは簡単な呼吸法からはじめよう。名前は円笑呼吸法という。軽めの深呼吸と思ってよい。普段の生活の中で簡単にでき、穏やかな効き目のある呼吸法である。

「呼吸ってこんなに気持ちがいいんだ！」

「心が落ち着きました。スッキリです」

この呼吸法を5分間やった後の学生の感想である。いかがだろうか。まずはちょっとやってみよう。とても簡単である。誰でもすぐにできる。基本的なことは、「気持ちよいだけ吸って、気持ちよいだけ吐く！」これだけである。


【やり方】

まずは「やり方」から。以下を読みながらでもやってみることをお勧めする。

○ 鼻から吸って、口から吐く

普通のやり方でよい。何も特別なことはしない。気持ちよいだけ吸って、気持ちよいだけ吐く。鼻が詰まって吸いにくい時は、口から吸っても構わない。同じように、口からよりも鼻から吐く方が楽な時は、鼻から吐いても構わない。あくまでも原則である。

○ 感じながら吸って、感じながら吐く

鼻から吸って、口から吐くことに少し慣れてきたら、鼻から入ってくる息を感じながら吸ってみる。

同じように口から出ていく息を感じながら吐く。何となくでよい、何となくでも感じることができればよいのである。何となく鼻の入り口のところや奥の方で、息の流れるのが感じられてくることだろう。あまり細かいことに気を使わずに、気楽に感じて、感じることを楽しんでみる。同じようにして、吐く息も感じてみる。それぞれに、各人各様に感じることができるようになってくるものである。

○ 気持ちよいだけ吸って、気持ちよいだけ吐く

何となくでよいので、入ってくる息や出ていく息を感じられてきたら、今度はどれくらい吸ったら気持ちがよいか、感じながら吸ってみる。最初はよくわからないかと思うが、少しばかり多めに吸ってみたり、少なめに吸ってみたりする。その多めと少なめの間で、行きつ戻りつしながら、探す。この行きつ戻りつというのが重要なコツの一つである。そうやっているとやがてその幅が段々小さくなってくる。自然に落ち着くところに落ち着いてくる。同じようにして、どれくらい吐くと一番気持ちがよいか、探す。決して頭でこれくらいと決めつけないで体に聞きながら探すこと。

気持ちよい量が見つかったら、この「気持ちよいだけ吸って、気持ちよいだけ吐く」呼吸を少し味わってみるとよい。ほんの3～5分間でもよい。マイペースでやる。気が向けば10分でも20分でもやって構わない。時間を忘れてしまうくらいだとかなり成功している。このマイペースでやるというのも大切なコツなのである。時々「規則正しい呼吸がよい。安定したリズムで、一定の長さで行うのがよい」などという声も聞こえたりするが、そうではない。生きている限り、長くなったり短くなっ

たり、揺らいでいるのが自然である。呼吸などはその最たるものである。規則正しく均一なものというのは工業生産物のように人工的産物だけにいえることで、生身の人間のやることではない。

ここで、この円笑呼吸法の【要点】と【コツ】を復習・確認しておこう。

やり方の原則的要点は以下の三つである。

【要点】

＊鼻から吸って、口から吐く。

＊入ってくる息を感じながら吸って、出ていく息を感じながら吐く。

＊気持ちよいだけ吸って、気持ちよいだけ吐く。

技術をなるべくたやすく修得するためのヒントのようなコツがある。自分に向いていそうなものがあれば拾って使えばよい。コツを活用すると意外と簡単に身体技法の世界を体験できるので一度試してみることをお勧めする。

【コツ】

＊体に聞きながら探す。

＊行きつ戻りつして探す。

＊マイペースがベストペース！

ところで、この呼吸法の名前について不思議な感じを持たれた方もいるのではないかと思う。ちょっと説明させていただく。この呼吸法をやっていると、自然にゆったりとした呼吸になってくる。心も落ち着いてくる。やがて呼吸自体が自ら深くなってくる。呼吸が深くなると息を吐く時に、自然と柔らかな微笑みが顔に出て来たりする。まあるいかすかな微笑みである。京都の寺院などで見かける仏像の微笑みに似ている。そのまあるい微笑みを円笑と名づけた。この呼吸法をやっていて意図しないのに、まあるい微笑み（円笑）が出てきたら、成功しているといってよい。

以上のやり方は基本編にあたる。さらに中級編をやりたい人のためにほんの少し説明を追加しておきたい。基本編で充分と感じられた方は「3．楽な立ち方の見つけ方」にとんで下さい。

中級編の特徴は、「イメージを使う」というところにある。呼吸のやり方は基本編と全く同じである。中級編は基本編を土台として、その上でイメージを使い、呼吸をさらに深めていくやり方だといってもよい。

【やり方】

◯ 準備

まず基本編の円笑呼吸を3～4回やって、呼吸と体と心を落ち着ける。姿勢は座っていても、立っていても、寝ていても構わない。なるべく緊張しないですむ姿勢がよい。

○吸い方

落ち着いてきたなと感じられてきたら、一度しっかりと口から息を吐く。基本編では、吸う時は鼻からゆったりと吸ったが、中級編でも同じである。違うところは息の行き先である。物理的には鼻から入って肺に入っていくわけだが、イメージでは鼻から入って下腹に吸ってゆく。できれば下腹に導くように吸えるとなおよい。少し慣れてくると《下腹に吸う》という感じから《下腹に入ってくる》という感じになってくる。そうなればしめたものである。

○吐き方

吐く息も物理的には口から出ていくわけだが、イメージとしては下腹に吸った息を体の内側に拡げ、ついには全身の毛穴から外に出していくようにイメージする。このやり方によって体中に息がいき渡る。少し慣れてきたら、《全身に拡げる》という感じから、《全身に広がる》という感じでやってみる。より簡単に息が広がってくれるはずである。拡げる時は、なるべく下半身（下腹から腰、太股、膝、脛、足首、つま先）から拡げていくようにする。下半身が息で満たされてきたら、胴体や腕へと拡げてもよい。頭部にはなるべく拡げないようにする。

拡げるのに慣れてきたら、段々と自然に広がっていくのに任せるようにするとよい。広がるようにするには、体に任せてしまうのが得策である。頭でコントロールしようとせずに、体を信頼して任せてしまうようにする。こうなると呼吸が実に楽に気持ちよく自然に感じられてくる。そうすることで、呼吸の奥ゆきや深まりがより感じられるようになってくる。

昔、剣の修業で呼吸を相手に覚られないようにするために鼻の頭に和紙の破片を貼りつけて、それが揺れないように呼吸の訓練をしたと伝えられているが、《全身に広がる》ように吐くと和紙が揺れにくくなってくる。こうなるともう極意に類することになってきそうである。剣の奥義には遠いかもしれないが、少なくとも呼吸自身が質的に変化することは確かである。

○ おわり方・収め方

深く呼吸できた時には、おわり方も大切になってくる。おわる時は、広げた時とは逆に体に広がった息を下腹に集めて収めていくようにイメージする。下腹にふんわりと収めて、掌で軽くポンポンポンと叩いて、収めて、おわる。

この呼吸法を実践していると、手や足が温かく感じられたり、ムズムズしたり、チリチリ、あるいはビリビリしてきたりすることがある。これは気功でいう気感である。呼吸がうまく行われている兆候と思ってよい。呼吸によって気血の巡りが良くなりはじめたのだと思ってよい。最初は、仄かに、微かに、何となく消え入りそうに感じられたりするが、何回かやっている内に確かなものとなってくる。気感はそのほかにも、電通感、掻痒感、温熱感、圧迫感…等、人によって、やり方によって、多様にあらわれてくるが、あまりそれを気にすることはない。むしろその気感自体は現象にすぎないので、「追わない、求めない、囚われない」ようにする。この場合大切なことは呼吸の深まりと質である。気感などの感覚は、よりよい呼吸を得るために活用するのはよいが、追い求めても影を追っているようなものである。呼吸法は練習すれば、次第にその深さを増してくるが、その深さに応じて気感の質も変化してくる。それと共に、体そのものの感覚にも奥行きが感じられてくるようになる。これこそ呼吸を意識的に行うことの大きな愉しみの一つである。

3．楽な立ち方の見つけ方——立ち方を探す

立っているのが苦手な人は意外に多いようである。特に若者たちは長い時間立っていることが苦手なようである。かくいう私も立っているのが苦手であった。今はそれほど苦手ではない。あることがきっかけで立ち方を工夫してみた結果、立つことが苦ではなくなってしまった。今では30分や1時間は楽に立っていられるようになった。ここではそこで見つけた楽に立っていられる立ち方を紹介するとしよう。自分で見つける楽な立ち方である。コツは「自分の体と相談しながら探す」である。具体的なやり方を以下に紹介する。

【やり方】

○ 足の位置と向き

まずは、両足を肩幅くらいに開く。少し広めにしたり狭めにしてみたりする。何となくでよいのだ

が、なるべく力が入らないですむところを探してみる。これも行きつ戻りつして探す。足先の方向は、前方にまっすぐを基本とするが、少しつま先を開いたり、閉じたりして、余分な緊張が入らないですむところを探す。これもなるべく力が入らないですむところである。

そのなるべく力が入らないですむところというのは、人によって微妙に違っている。また同じ人でも日によって、時間帯によって、その時の体の状態によっても違ってくる。その都度、その時、その場で、自分の体と相談しながら探していくようにする。

○ 中心軸を探す

頭のてっぺんを天井から細い蜘蛛の糸で吊られているようなイメージで立つ。その引っ張られている強さは軽いほどよい。0・5グラムくらいがよい。その感じをなるべく維持するようにする。

吊られながら左右に体重を移動させてみる。足の裏に、右足、左足と体の重さが移ってくるのが感じられてくる。その重さの移動が感じられるようになってきたらしめたものである。あとは段々と揺れ幅を小さくして、左右に同じくらいの重さが感じられるところを探してゆく。左右の中間点くらいになるはずである。なるはずと書いたのは、必ずしもなるとは限らないからである。客観的な中間点でなくてもよい。ここで大切なのは体の感じを大切にすることである。外から見ての真ん中、客観的な真ん中でなくてもよいということである。自分の体で左右の真ん中だと感じられるところを大事にする。

左右の真ん中が何となくでもつかめたら、今度は前後の真ん中を探してみる。一度、ゆっくりと前傾してみる。そうすると足の方々の筋肉が一斉に緊張して、倒れるのを防ごうとしてくれる。その防ごうとして働いてくれている筋の緊張を手がかりにする。今度はゆっくりと戻しながら、後ろの方に重心を移動させてみる。そうするとさっきまで緊張していてくれた筋肉群が意図しないのに弛緩していくのが感じられてくる。この緊張と弛緩の感覚を道案内役として活用する。弛緩していることを確認したら、さらに後ろの方へ体重を移動させてみる。今度は別の筋肉群が一斉に収縮をはじめて倒れるのを防ごうとしてくれる。急いでやるとわからないが、ゆっくりと感じながらやっていくと面白いようによくわかる。左右の真ん中を探した時のように、前後に揺れながら段々と振れ幅を小さくしてゆく。

そうして最も緊張しないで立っていられるところを探す。これも自分の体と相談しながらやっていくことが大切。そうすると何となくだが、このあたりが一番楽に立っていられるかなあ、と感じられてくる。頭のてっぺんから一本の線のようなものが感じられるようになってきたら成功である。それで中心線ができてくる。

【確認と注意】

最後に、もう一度蜘蛛の糸に聞いてみる。そして、蜘蛛の糸と中心線が一本の線でつながっているように感じられてきたら大成功である。当初は線のように細く感じるが練習を続けていると、やがて太い軸として感じられてくる。それをここでは中心軸といっておこう。

一応の中心軸が感じられてくると、微妙にそれが揺らいでいるように感じられてきたりする。その揺らぎをブレだと思ってしまい、一点に固定しようとする傾向が初心のうちは生じやすい。揺らぎの中で安定していればよいのであって、決して無理に固定しようとしないこと。

もう一つ注意してほしいことがある。中心線が感じられてきた時に陥りやすい傾向である。感じ取れた中心線を大事にしすぎて、それにこだわってしまうことである。「これだ！ 見つけたぞ！」と思って、頭の中で固定（記憶しておこう、脳裏に焼きつけておこうと）してしまってはいけない。この中心線もその時その場でのものでしかない。0・1秒後にはもう変わっているかもしれない。その都度その都度、その時その場で探し続けながら、在り続けるものである。頭でつくり出して、固定化してしまった中心線では意味がない。呉々もご用心！

当初は多少面倒くさいと感じるかもしれないが、少し続けてやっていると、ほどなく、体が感覚を覚えてきて自動的にやってくれるようになる。丁度、自転車が乗れるようになった時のようである。乗れるようになるまでは少し大変だが、一旦乗れてしまえばどうしてあんなに苦労したのかわからないと思える程に簡単に乗れてしまうものである。それと同じように手順をすっ飛ばして、すぐにスッと中心軸を立てられるようになってくる。そうなると傍目にもわかるほどに姿勢が良くなったり、力の入り具合、抜け具合が良くなってくる。そして何よりも立つのが楽になり苦ではなくなってくる。

また、体が繊細さを増すに連れて、さらに微妙な中心軸も感じられてくるようになってくる。そうなってくれば、もうしめたものである。

4．よく眠れるための寝方の工夫

とある大学で「先生、夜眠れないので困っています。よい寝方を教えて下さい」と頼まれたことがある。それで「寝方は教えられないけど、寝る前の工夫についてなら効果的な方法があるから教えてあげる」と答えて、簡略に教えたが、1週間経って「凄くよく眠れました」と報告に来てくれた。その寝方の工夫を以下に紹介しよう。

夜に眠る前、歯を磨いてからベッドに入る人は多いと思う。同じように顔を洗い、手を洗う人も、なかには足も洗ってからでないと眠れないという人さえいる。大抵の人は、毎晩お風呂に入ることによってそれらをすませてしまうことが多いのだろう。いずれにせよ眠る前に体を綺麗にしてから寝るということを習慣にしている人は多いだろう。その方が心地よく眠れるからだろう。

ところで、体を綺麗にしてから寝ることには神経質なほどにこだわる人でも、体の中を綺麗にするということには無頓着な人がほとんどなのではないだろうか。体の中を綺麗にするというと奇異に感じられるかもしれない。大小便をすませてから寝る（それこそほとんどの人がやることだが）というのも一部はあたっているが、本質的ではない。大切なのは体の中の状態である。

体を安らかな状態にするということが、この場合体を綺麗にするということにあたる。昼間、体はどちらかといえば「戦いのモード」で活動している。いつでも戦える、頑張れるという状態にしている。自律神経系でいえば、交感神経系が優位な状態である。この戦闘モードの時、体はエネルギーを消耗し、老廃物を出し、次第に疲れていく、すなわち段々と汚れていくわけである。

この反対のモードが「癒やしのモード」である。先の自律神経系でいえば、副交感神経系が優位な状態である。この癒やしのモードの時、体は壊れたところを修復し、疲れを回復させ、老廃物を排出してくれている。時には病気と闘ってくれ、活力を回復させていく、すなわち体を綺麗にしていくわけである。

寝る時には、体をこの癒やしのモードにしてから眠りに入りたいものである。この癒やしのモードで眠りに入るのと、戦いのモードのまま眠りに入る（当然、入りにくいとは思うが）のとでは、眠りの質にも自ずから大きな差が出てきてしまう。

体を癒やしのモードにしてから寝た方が効率がよいことは素人でも察しはつくが、では、体を癒やしのモードにするには一体どうしたらよいのだろうか？ 方法は思いの外、簡単である。

「円笑呼吸法、または軽めの深呼吸を3〜5分間してから眠ること。」これである。

具体的には、仰向けに寝て（仰臥姿勢で）、6〜10秒以上（人によって異なる）の呼吸を5回以上続けて行う。ほとんどの人はそれだけで体が癒やしのモードに変わる。このことは東洋医学の研究者と西洋医学の研究者が共同研究して明らかになったことなので信頼してよいと思うが、筆者の長年の実施体験や気功の授業での指導経験からも確かにそういえると思う。

この円笑呼吸法のやり方については「2．体と心の落ち着く呼吸法」を参照されたい。ここでは大事なコツだけ確認しておきたい。通常の深呼吸のように限界まで吸ったり、吐ききってしまわない方がよいということ。いくら吸いすぎても8割くらいまでにとどめておく。8割を超えて吸ったり吐いたりするとかえって緊張が生じてしまい、安らぐどころか疲れてしまう。無理をすると眠気に誘われるどころか、目が冴えてきてしまいかねない。また、少なすぎるのもよくない。体が「気持ちいいなあ～」と感じるくらいが丁度よい。この「良い加減」がコツである。

ゆったりとした呼吸を繰り返していると眠くなってくるが、眠くなってきたらそのまま寝てしまえばよい。

さてこれで体を綺麗にすることはできたわけだが、それだけでよい眠りが得られるだろうか。眠りは体を休めるためばかりではなく、心を休めるためにもある。その心が汚れっぱなしでは、心も安まることはできないだろう。「今日、あいつあんなことを言いやがって、今度会ったらただではおかないぞ！」、「くやしいイィ!!　恨んでやる！」、「ああ、なんて幸せなんでしょう、私は恋してる！」などと想いながら眠りに入ってしまっては、理性が働いている間はともかく、理性の制御が効かなくなる眠りの中では、何が起こるかわからない。かえって心が疲れ果ててしまう可能性だって大である。できれば心も安らかに綺麗な状態で眠りにつきたいものである。

では、心を綺麗にするにはどうすればよいのだろうか。そのための単純な方法を紹介しよう。たった二つである。

〈その1〉寝床の中（現在）に、寝床に入る前に起こったこと（過去）と、寝床から出た後に起こるであろうこと（未来）を持ち込まないこと。

〈その2〉今、ここに、寝られることを「ありがたい！」と思うこと。

これだけである。これだけだが、「そのためにはどうすればよいのかを知りたいのだ！」という方も多いだろう。確かに寝床の中に今日一日に起こったことを持ち込まないというのは難しそうである。「あれは実はこうすればよかったのに」とか、「あの人が、あの時、あんな風にいったのは、実はこういう意味だったのではないだろうか」とか、雑念はどんどん生まれてきて止まるところがなさそうだ。同様に、明日のことを持ち込んできてしまうと、明日に対する不安や心配で小さな胸はいつの間にか一杯になってしまい、ついには頭さえ痛くなってきてしまいそうである。このように床についてから、雑念、心配、不安に悩まされている人は案外多いようである。

しかし、極めて深刻な悩みや問題を抱えている人は別にして、日常的な問題や悩みの程度であれば、意外に簡単に問題を解決できる方法がある。具体例を紹介するとしよう。

まずは用意するもの。寝間着と二つの籠。寝間着は必ず専用のものを用意する。そして寝床の横に二つの籠を用意する。

まずは一つ目の籠、取りあえずこれを「明日の籠」と命名する。明日の朝、目覚めた時に着るものを「明日の籠」に用意する。急いではいけない、ゆっくりがよい。明日一日のことを思い浮かべながら、明日着る服を決めていく。一番上に着る服を決めて、それをまず籠の中に置く。次にその下に着るものをその上に置く。そしてまたその下に着るものをその上に置いてゆく。最後に肌に着ける下着である。具体的に明日を想い浮かべながら、衣類を実際に用意してその籠の中にきっちり仕舞って、ケリをつける。これが「明日の籠」である。一昔前には布団の前に明朝に着るものを綺麗に畳んで用意してから布団の中に入ったものであるが、これも同じ意味合いがあったように思う。

次に二つ目の籠、「今日の籠」である。今日一日、着ていた服をそこに脱いでいく。これもゆっくりと脱いでいく。できれば今日一日をゆっくりと思いだし、振り返りながら脱いでゆく。できれば下着まで脱いでしまった方がよいのだが、無理なようであれば下着は着用したままでも構わない。

そして、最後に寝間着に着替える。寝る時は寝るための服に着替えた方がよい。それは、「寝る時は、寝るために寝る」のだからである。

寝具に横になったら、今、ここに、こうして寝られることに感謝しながら、前述の円笑呼吸か軽めの深呼吸を繰り返し行う。それで眠くなってきたら、そのまま眠ってしまえばよい。

この二つの籠の意味は、今日のことは「今日の籠」に、明日のことは「明日の籠」に収めてしまうことにある。そんなことでと思われるかもしれないが、2～3週間もやっていると次第に習慣化し、明日の服を用意しているだけで明日への不安や心配や喜びもその籠の中に収まるようになってくる。騙されたと思って、一度試されることをお勧めする。

充分に慣れてきたら、もう具体的な籠は必要ない。想像上の籠でもよい。枕元に同じ要領でやればよいのである。しかし、もし自信がなくなったりしたら、また籠を用意して、やり直してみるのが堅実なやり方である。すぐに感じは戻ってくる。そして最後には籠も、想像上の籠も捨て去ってしまえれば卒業である。

翌朝、自然に目が覚めたら成功である。その時、「さあ今日もやるぞ！」なんて思えたら大成功である。布団の中で体の伸びが出たら、もう大成功×2である。

5. 体と生きる

身体技法にはこのほかにも様々なものが開発されている。例えば、「足ほぐし」。これは足の裏や足の指をほぐすことによって手軽に足の疲れをとることができたり、意外に思われるかもしれないが全身のリフレッシュ効果をもたらすことができたりする。そのほかにも「手ほぐし」や「やすらぎのポーズ」など、沢山の技法が開発されている。かけ算の九九を覚えるには苦労するが、一旦覚えてしまえば生涯にわたって役に立つツールとなる。身体技法も多少それに似ている。体の九九のようなものだと思ってもよいだろう。自転車に乗れなくても大丈夫だが、乗れた方が便利だし生活も多少は豊かになる。自転車に乗れない人にとってはやっかいなただの鉄の塊にすぎないが、乗る技術を身につければ自分の可能性を広げてくれる便利な道具になる。体の技術として様々な身体技法を偏見に捕らわれずに試してみることをお勧めする。そして気に入ったものがあったら、身につけてみたらどうだろうか。

実際にここで紹介した身体技法をやってみると新たに感じられたことが沢山あったのではないだろうか。内側から感じている自分の体、それに気がつかれたのではないかと思う。体験してみて感じられたことをもとにして少し振り返って考えてみたい。

この章で紹介した身体技法に共通していることは、〈体を感じながら、体に聞きながら、体と共に動く〉であった。そこにおいて一番大切なことは「自分の体を内側から感じる」ということである。それによって今まで感じていなかった自分の体の色々な側面にも気づかれたのではないかと思う。例えば、「楽な呼吸をしている時って、こんなに気持ちいいものなんだなあ」、「今まで普通に呼吸していたと思っていたけど、凄く浅い呼吸だったんだなあ」とか、「立っているのに眠ってしまいそう」など。

それと対照的なことになるが、体の外見ばかりに気を配っている人もいる。極端な例だが、先にもあげた電車の中でお化粧をしている女の子の例である。彼女は一心に鏡に映っている自分を見ながらお化粧している。自分の顔を見ているのは自分の目だが、その鏡の向こうには他人の目がある。いやその時の自分の目はもう他人の目になってしまっているのかもしれない。それは他者の視線や価値を取り込んで自分のあり方を決めようとしている姿ではないだろうか。外側から見られている自分、外から価値づけられる自分にはとても敏感になっている様である。同時に内側から感じている自分については鈍感になってしまっているように見える。外側から見られている体の意識ばかりが肥大化し、内側から感じられている体が空虚化してしまっているように見えてならない。

でも誤解しないでほしい。お化粧してはいけないだとか、外側から見ている自分の体を気にしてはいけないだとかいっているわけではない。内側から感じている体だけを大事にしろ、といっているわけでもない。内側から感じている体と外側から見られている体をバランスよく統合して〈自分の体〉にしてほしいのである。その方が心地よいし、効率的だし、間違いが少なくなる。第一、その方が自然な気がする。そうしてこそ「自分のかけがいのない体」だと感じられるのだと思う。そのかけがえのない自分の体に気づいてこそ、他者もまたその人のかけがえのない体を生きているのだということが、実感を持ってわかってくるように思える。

これから長い人生を歩もうとしている若い人たちには、自分のかけがえのない体を大切に育てていってほしい。そのかけがえのない自分の体と共にこの生を深めていってもらいたい。皆さんが今思っている以上に、体はかしこいし、奥深い。我が国にもそのかしこさにいち早く気づいて素晴らしい身体技法を開発した偉人たちがいる。手がかりとして、野口晴哉（野口整体）、野口三千三（野口体操）という二人の名前を紹介しておこう。そのほかにも沢山いらっしゃるが、まずはこの二人からネットで調べてみることをお勧めして筆を置くことにする。

第9章 SPARTSによる学校体育復興支援

菊池　章人

1．はじめに――被災地支援の4年間

２０１１年3月11日、岩手県沖から茨城県沖の海底南北約５００㎞を震源とするマグニチュード９・０の東日本大震災が発生し、とりわけ巨大津波に襲われた太平洋沿岸地域は広範囲にわたって甚大な被害を受けた。建物は破壊され流失し、被災直後は沿岸をがれきが覆いつくした。

被災地の学校は、体育館を避難所として数か月提供した後、校庭に仮設住宅が設置された。また、被災初期の頃はがれきのために安全な運動環境が少なかったため、児童も仮設住宅の住民も運動不足状態になり、心身の健康のために運動の機会が必要とされていた。

このような状況の中、校庭に仮設住宅が設置された小学校から、児童も高齢者もみんなで歌って踊って元気が出るような運動がほしいという要望が筑波大学によせられたため、我々は歌付ダンスを制作して提供した。この運動は運動会や夏祭り、学習発表会などのイベントで行われて盛り上がりに役立った。

その後、地震発生から時が経過すると、沿岸被災地の児童の体力が、県内や全国と比較して著しく

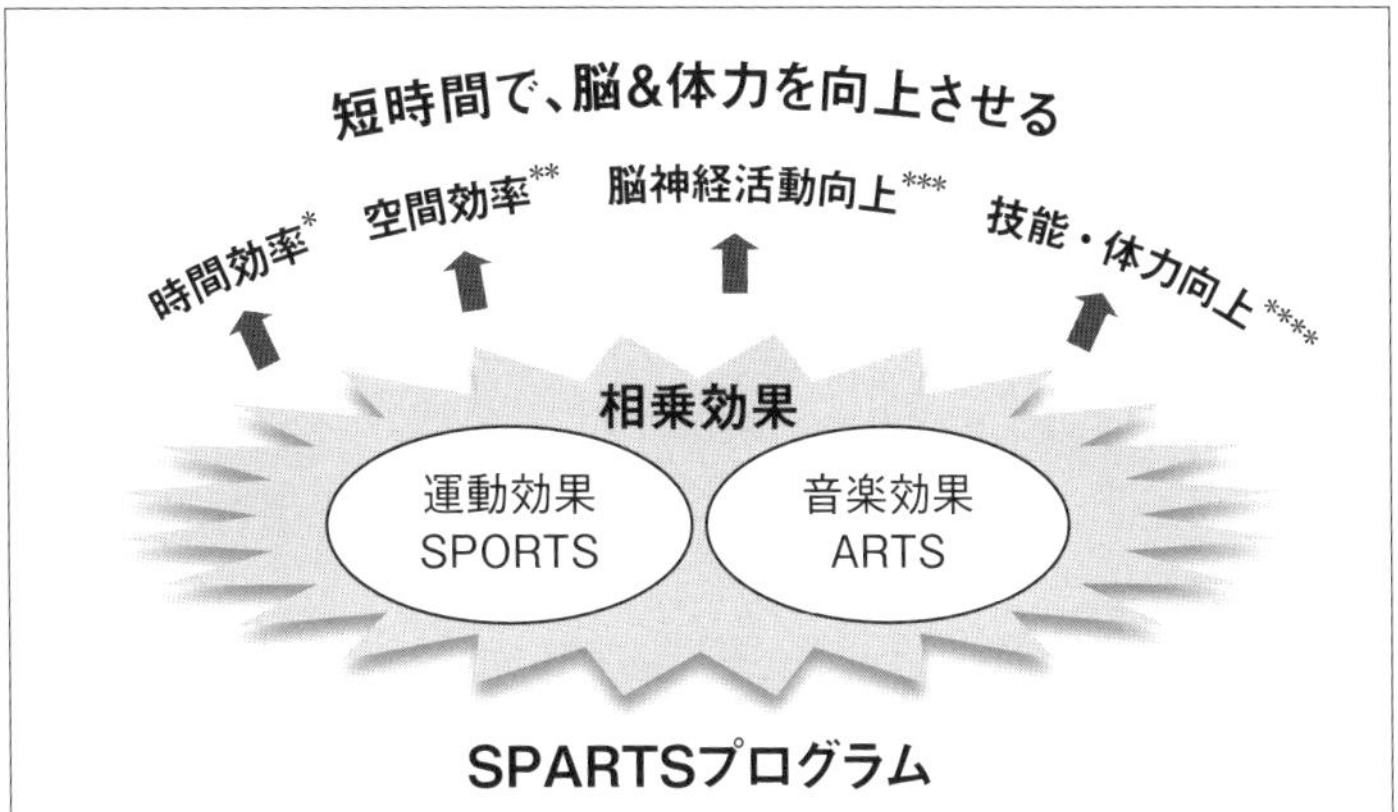

図1　SPARTS プログラム
＊音楽効果で運動の時間密度を高める　＊＊音楽効果で集団運動を容易にする　＊＊＊運動疲労感を軽減、気分、集中、意欲を高める　＊＊＊＊基礎的動作の高強度インターバルトレーニング（HIT）を楽しく反復・継続させることを容易にする　　SPARTS は筑波大学の商標

低下していることが明らかになり、児童の体力対策が重要課題になった。特に、校庭が使えずバス通学で徒歩運動も減少した学校の児童の体力低下は深刻だった。そこで我々は、運動の空間も時間も制限されて苦悩する学校体育に、２分間のＳＰＡＲＴＳ体操を提供したところ、短期間で運動能力を向上させることができた。

このように、筑波大学では２００９年度から文部科学省特別経費研究プロジェクト研究「たくましい心を育むスポーツ科学イノベーション：認知脳科学の導入」の中で「ＳＰＡＲＴＳ」の研究開発に取り組み、被災地小学校への支援を継続してきた。ＳＰＡＲＴＳプログラムは、運動（sports）と音楽など（arts）を緊密に組み合わせて「時間効率、空間効率を高めながら、身体機能とともに、気分、意欲、認知機能など脳機能への効果、継続性などを一層高めようとするプログラム」である（図1）。

これまでの4年間で、足を運んで個別に協議しながら支援した被災地小学校は2ケタになった。その中から取り組みのいくつかを紹介したい。

2．急性期の多世代型運動支援

被災初期の頃は、多くの人が運動不足とストレス状態になるため、機会あるごとに地域みんなで運動することが望まれていたが、そういうたぐいの機会や運動は「盆踊り」しかないという地域が少なくなかった。しかも、盆踊りは季節限定のイベントであり、世代を超えていつでもできる歌・踊りとはいえない。また、従来の祭りやイベントのほとんどは「見せる側」と「見物する側」に分かれてしまい、見る側はほとんど運動しないでいることが多い。

このような事情から、さまざまなイベントの際に、児童も校庭の仮設住宅住人も学校の先生も保護者も近隣の人も、児童から高齢者までみんなで楽しめるような運動をつくってほしいという要望を学校からいただき、文科省の復興教育支援も受けて「みんなでダンス」を制作した。制作にあたって大きな課題となったのは、どのような音楽であれば児童から高齢者まで親しんでもらえるかということだったが、復興というテーマに合うように「心のふるさと」「日本文化の伝承」などを念頭に置きな

写真１　運動会で（2012 年５月）

写真２　夏祭りで（2012 年８月）

夏も全国で復興教育支援事業

運動と芸術組み合わせ
心身の健康増進プログラム
筑波大学

楽しく体を動かすことは体力を向上させるだけでなく、気分を前向きにするなど脳を活性化して心を元気にする効果がある。この考えを基に筑波大学では、身近な運動で心身を活性化し、ストレスを乗り越え前向きに行動できる「たくましい心」を育もうと、スポーツ（ＳＰＯＲＴＳ）と芸術（ＡＲＴＳ）を組み合わせた総合運動プログラム「ＳＰＡＲＴＳ」を開発した。

中心となるプログラムは音楽に合わせて楽しく体を動かせる軽い体操だ。スポーツ医科学や脳科学、心理学などを融合し、青少年の心身の活力向上や高齢者の健康維持など導入する地域の実情に合わせて編成している。

「被災地が元気を取り戻すためには、住民が体を動かして心身の健康を増進することが必要」という考えから、復興教育支援事業としても活動を始めた。

子どもも大人も

本年度はこれまで、主に岩手県宮古市立赤前小学校で活動を実施してきた。同小は校庭に仮設住

今月、岩手県宮古市立赤前小学校で実施された「僕らの夏休みproject」の中で行った「赤前エクササイズ」の様子。子どもから高齢者までが、楽しく体を動かして心身の健康を増進した（同プロジェクト提供）

教委、大学、ＮＰＯなど54プラン、

東日本大震災の被災地を教育で復興させ、また、東日本大震災からの復興を教育に生かそうという復興教育支援事業が本年1月に始まった。全国の教育委員会、大学、ＮＰＯ（非営利活動法人）などによる54のプランが文部科学省の審査を通過。文科省から活動資金を受け、今夏も活動を続けた。活動の概要は同省のホームページに掲載中で、今後、詳しい活動内容を紹介していく予定。これからの復興支援を考える際の材料になりそうだ。

写真３　みんなでダンスの報道（日本教育新聞、2012 年８月 27 日付）

写真４　小学校の校庭に設置された仮設住宅（支援した学校の校庭、上段左：陸前高田、上段右：宮古、下段：大船渡）

がら、全国的に親しまれている日本最古の田楽「こきりこ」を選曲した。これをみんなで元気に歌いながら運動できるように、ポップにアレンジした。歌詞は、被災地の気持ちを汲みあげ、学校と協議しながら決めた。「背中をのばして、歌いましょう、踊りましょう、踊れば元気がわいてくる、声を合わせて歌いましょう、調子を合わせて踊りましょう」。この「みんなでダンス」は、運動会、夏祭り、学習発表会などで行われて連帯感づくりや盛り上がりを実現することができ、新聞でも紹介された（写真1、写真2、写真3）。

被災直後の急性期においては、住民全体に心身の健康対策、連帯感の醸成などの必要性が高まる。この局面では空間と時間を共有しながら、世代をこえて誰でも動けて、楽しめて元気が出て、連帯感が醸成されるような運動が潜在的に必要となってくるが、そうした条件を満たすプログラムは制作も簡単ではない。メロディ、歌詞、サウンド、動作を現地や関係者と連携してつくり楽しく心身ケアに役立ててもらうような運動づくり支援は、今後も急性期、復興期に必要になると思われる。

3．学校体育の復興支援――2分間SPARTS体操

① 運動環境が劣化し児童の体力が低下

東日本大震災では、津波によって小学校区が壊滅した地域も少なくなかった。高台で被災を免れた学校は壊滅した学校の児童を受け入れ、校庭には仮設住宅が設置された（写真4）。そのため、運動環境が長期にわたって劣化した学校は少なくない。例えば、陸前高田市の小学校では8校のうち6校（75％）、大船渡市の小学校では12校のうち7校（58％）の校庭に仮設住宅が設置されて校庭が使えなくなり、バス通学になった児童の徒歩も減少した。ちなみに、学校校庭の仮設住宅はいまだに撤去された例がない。

この結果、岩手県教育委員会が県内6地域の小学校児童の被災前後の体力変化を比較したところ、津波の被害が大きかった太平洋沿岸南部地域（釜石、大船渡、陸前高田など）で最も著しい低下がみられたのである（岩手県教育委員会、2012）。

② 学校体育支援のハードル――運動の空間と時間の制約

学校体育は、被災後の児童の体力低下に対して「全ての児童に日常的に運動提供できる機会」として重要性が高まった。しかし、学校教科全体の年間課程と年間授業時間数は学習指導要領と学校教育法施行規則によって定められており、また被災地学校は学力低下の懸念も抱えていたために、教科全体の「授業の平常化」を強く望んだ。このため体育時間だけを増大するような対策は行われなかった。

校庭は使えず、1コマ45分、週2～3回程度の体育時間は増やせない。運動の「空間」も「時間」も変えられない。この制限下でどのようにして児童の体力向上を図るのか？ 被災地の学校体育が抱えた困難な問題であり、また学校体育への支援を行う際のハードルでもあった。

③ 2分間だけ密度・強度・意欲を高める

学校が体育支援プログラムを継続的に受け入れる際の重要な条件は、学習指導要領に基づいた授業進行を妨げない程度に時間が短いこと、向上効果がみられることだった。協議を踏まえて、学校体育仕様の「2分間SPARTS体操」を制作した。プログラムの骨格は、⑴時間は、どの学校でも受け入れやすい2分程度の「すきま時間」とした。⑵動作は、学校が向上させたい能力に焦点をあて、発育発達期にふさわしい基礎的な運動技能習得を重視した。⑶2分間を最大限に生かすために、高強度インターバルトレーニング（HIT：High-Intensity Interval Training）で構成し、全力発揮動作と集中力、意欲、筋力を回復させる低中強度動作を交互に展開させ、楽しく反復継続できるようにした。

(4)これらのハイテンポ体操実現のために、ジャンプ部分などハイライト部分の強調、休息部分、全体のテンポアップなど、運動をわかりやすく支援する専用音楽をＤＲＷ（Digital Audio Workstation）でオリジナルに作成した。

この結果、児童は週2～3回程度の体育授業の中で、全力発揮と技能習得を2分間飽きずに楽しく定期継続して取り組むことができるようになった。

4．2分間SPARTS体操の効果

2分間ＳＰＡＲＴＳ体操は、校庭が使えず、バス通学で徒歩が減少して運動環境劣化に苦悩している小学校を対象として制作し提供した。各学校の希望に沿って、跳躍力、敏捷性、持久力などを高めるように体操（音楽&運動）をつくり、釜石市、大船渡市、陸前高田市、仙台市などの小学校の体育授業に導入したところ、各体操とも約1か月程度の継続の結果、有意な向上をもたらした。

跳躍力向上のために制作した「2分間ジャンプ体操」は、2分間の中で下肢の屈曲や振込動作を確認しながら屈曲や協応性を高めて行えるようにしている。敏捷性向上のために制作した「2分間きび体操」は、方向転換のための姿勢・体重移動・蹴り方などを2分間の中で段階的に確認できるようにした。そして、持久力向上のために制作した「2分間スタミナ体操」では、なわとびジャンプや

写真 5　担任によるジャンプ体操の指導(大船渡 2013 年 11 月)

写真 6　陸前高田(2012 年 12 月)

写真 7　仙台(2013 年 7 月)

写真 8　体育授業のきびきび体操のようす(大船渡 2013 年 7 月)

写真 9　釜石(2012 年 10 月)

写真 10　陸前高田(2012 年 10 月)

写真 11　担任によるスタミナ体操指導
（仙台 2014 年 2 月）

写真 12　20m シャトルラン測定
（仙台 2014 年 2 月）

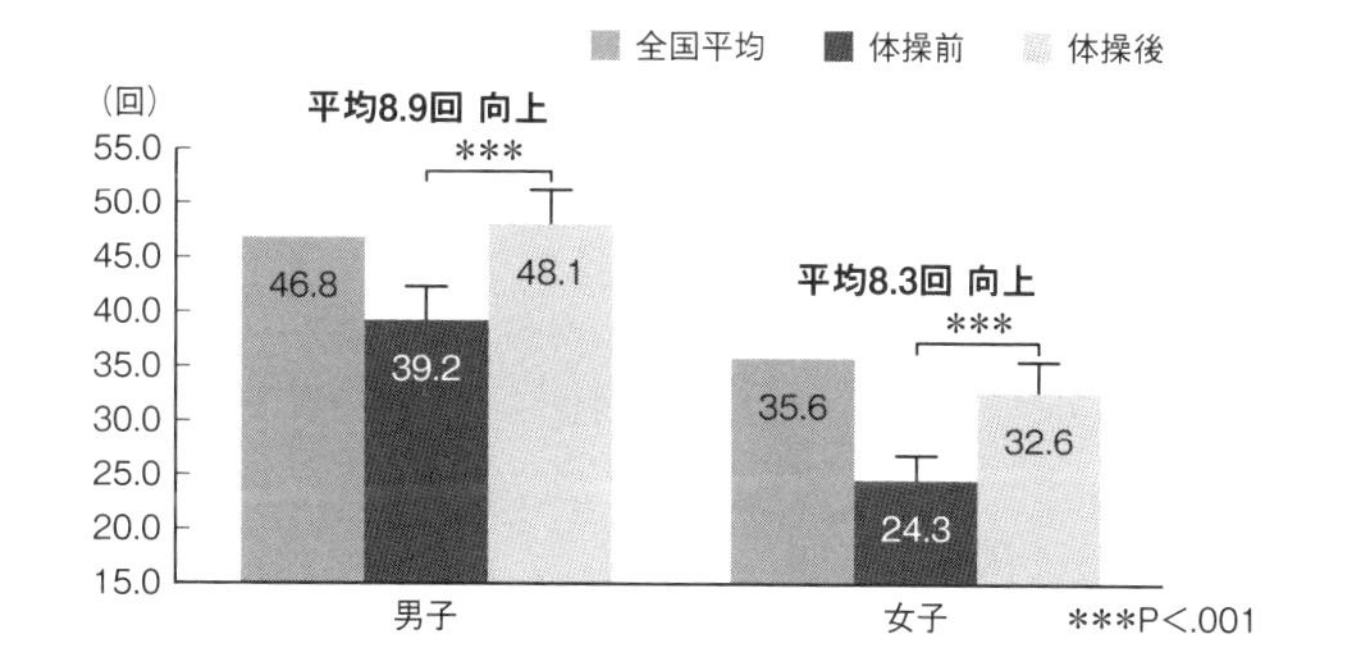

図 2　20m シャトルランの回数変化（仙台 2014 年 1 月～2 月）
4 年生男子 34 人、女子 33 人。全国平均は 4 年生 2012 年。体操前は 2014 年 1 月、体操後は 2 月。

ランニング・ダッシュなど全力発揮に至りやすい動作を休憩的動作と交互に行って集中力を回復させながら行えるようにした。その測定結果の一例は次の通りである。

① 跳躍力向上

「2分間ジャンプ体操」の効果を「垂直跳び」で測定した結果、1ケ月後、ジャンプ体操を行わないクラス（N＝21）ではほとんど変化がなかったが（平均1・6㎝増）、導入クラス（N＝25）では平均4・0㎝向上し有意差（p<.05）がみられた（写真

写真 13　釜石 2013 年 3 月

写真 14　陸前高田 2013 年 7 月

写真 15　仙台 2014 年 12 月

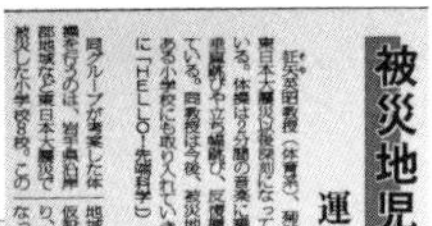

被災地児童に「新体操」

運動不足などに効果

写真 16　2 分間 SPARTS 体操の紹介
（筑波大学新聞、2014 年 4 月 7 日付）

5）。陸前高田や仙台でも有意な向上がみられた（写真6、写真7）。

② 敏捷性向上

「2分間きびきび体操」の効果を「20秒間反復横跳び」で測定した結果、1ケ月後、男女（N＝21）平均5・4回増と有意な向上（$p<.001$）がみられた（写真8）。釜石や陸前高田の実施でも向上がみられた（写真9、写真10）。

③ 持久力向上

「2分間スタミナ体操」の効果を「20mシャトルラン」で測定した結果、1ケ月後、男子（N＝34）平均8・9回、女子（N＝33）平均8・3回と向上し導入前後に有意差がみられた（各$p<.001$）。男女とも導入前は全国平均以下だったが、

1ケ月後男子は全国平均を上回り、女子も全国平均並みにのびた（写真11、写真12、図2）。

④ 朝の元気アップ

これらの他に、教室で行える運動も制作した。バス通学児童は朝元気がないなど朝元気が出る運動に対する要望が多く寄せられたため、体育（体育館）で行う体操のほかに、朝教室で行える「2分間朝のスクワット体操」（音楽と運動）を提案した。狭い教室でも動けるように、椅子からの立ち上がり、腕の挙上、大きな発声、指動作を組み合わせ、音楽に合わせたテンポアップで脳と全身を使えるようにした。校内放送に合わせて全校一斉に行うものだ。回数はどの学校も週3回程度。実施効果を気分尺度（TDMS）（坂入ら、2003）で測定した結果、同じ時間帯に特に何もしない場合よりも、気分（脳状態）の活性度、快適度が有意に高まり学習コンディションの向上が確認された（陸前高田全校N＝99、大船渡3〜6年N＝75）。この運動は現在も釜石、大船渡、陸前高田、仙台などの小学校で継続して行われている（写真13、写真14、写真15、写真16）。

5. 被災地からの声

a. 児童の声：大船渡のきびきび体操について教諭が行った感想アンケートでは、「コツがわかってよかった」「ダンスみたいで楽しかった」「だんだんついていけるようになった」「もっと続けたい」

という前向きな感想であふれていた。仙台のスタミナ体操について教諭が行った感想アンケートでは、「はじめは疲れたけどだんだん疲れなくなってきた」「すごくのびてびっくりした」「楽しかった」「もっと続けてもっとのびたい」という前向きな感想で占められていた。大船渡の朝のスクワット体操は開始から1年経過していたが、学校が行った感想アンケートでは、「目がさめる」「気持ちがスッキリする」「体力がついていく気がする」「楽しくなる」「体や気持ちがシャキッとして、朝学習に集中できる」などの感想が多くみられた。

b．2分の効率性：2分間の体力体操は効果がみえて学校によろこばれた。また、朝行う2分間朝のスクワット体操は、わずか2分間で全校児童を元気にするところが校長、教諭から評価され1年以上継続している学校が多い。

c．体育研修：陸前高田市、釜石市では市内小学校の体育研修内容に2013年、2014年と2年連続でとりあげられた。

d．学校計画：いくつかの小学校ではたくましい体づくり対策としてこれらのプログラム推進を学校計画に明記している。

e．秋冬の活用：高強度インターバルトレーニングは、特に秋冬の寒い体育館でのウォームアップに便利感があり、季節的に活用している学校もある。

f．校長会、PTA評価：2分間SPARTS体操を導入した小学校では、県校長会で紹介発表を行ったケースもある。また校長、教諭をはじめPTAにも喜ばれ、学校のPTA通信、PTAによる地域発表などが行われた。

g. メディア評価：また、これらの被災地学校への体育支援は、斬新さがあるとしてたびたび新聞やテレビで紹介された。

6. これから

体力の定義には諸説あるが、筋力や持久力のみならず、技術や意欲も要素とする説が考え方として普及している。運動は、随意筋である骨格筋で行われ、体性運動神経を司令する意欲が源となっているため、（測定可能かどうかを別として）意欲は体力の要素として位置づけられるであろう。2分間SPARTSの短期間の導入によって測定値が向上した要因としては、「技術」と「意欲」に対してもアプローチできた有効性が考えられる。短時間、音楽に合わせることで、高強度でも、注意集中してやりきるといった意識を高め、それを体育のたびに定期的に心身を刺激することで、運動意欲や技能が向上したと考えられる。これを継続することによって筋、持久力を更に高めていくことができるだろう。

音楽と運動の組み合わせについては、従来から行われているようにも見えるが、現在学校体育で行うリズム運動は、運動会の「ダンス発表」に留まっており、体力向上を目的とした音楽活用は、少なくとも被災地の学校体育支援では見ることがなかった。

被災から4年が経過するが、校庭の仮設住宅が撤去された例は今なお皆無である。運動環境が劣化状態に置かれている学校と児童のために、今後も支援を続けていく予定である（２０１５年12月寄稿）。

◆文献

・岩手県教育委員会（２０１２）『岩手県公立小・中・高等学校平成24年度体力・運動能力調査報告書』。

・坂入洋右、徳田英次、川原正人、谷木龍男、征矢英昭（２００３）「心理的覚醒度・快適度を測定する二次元気分尺度の開発」『筑波大学体育科学系紀要』26巻、27-36頁。

・筑波大学新聞、２０１４年４月７日付。

・日本教育新聞、２０１２年８月27日付。

コラム3

復興支援における体操の役割

長谷川　聖修

「頑張れ」から「顔晴朗」へ

2011年3月11日に発生した東日本大震災の直後は、緊急事態とも言える状況で、「頑張れ！ 日本、顔晴れ！ 東北」と叫ばれていた。宮城県気仙沼市を訪れた時も「おだづなよ（負けてたまるか）！」という言葉をよく耳にした。震災から半年程が経過して、小規模の仮設住宅をいくつか訪ねて、体操指導の場を持つ機会を得た。被災地に入ってまず感じたことは、この震災の爪痕の深さであった。福島県の原子力発電所の事故問題を含めて、震災の復旧復興への道のりは途方もなく長いと感じられた。それまでの「顔晴れ」という意気込みだけでは、支援活動を続けることは難しいと思われた。そこで、できることからひとつずつ取り組み、自分自身が笑顔になることから始めようと決心した。つまり、顔を晴れやかにして朗らかに取り組むという「顔晴朗（^o^）がんばろう」をモットーとした。

復興支援の現場ではよくいわれることだが、支援する側も被災者のひたむきさや笑顔に触れてエネルギーをもらうことが多い。両者は、単純に「支援する」「支援される」という一方向の関係ではない。「お互い様」という相互に助け合い、支え合う関係でなければ、こうした支援活動は長続きしないのが実情であろう。

こうしたスタンスで、筆者がこれまでかかわってきた復興支援における体操指導の一端を紹介し、体操領域が果たすべき役割について述べたいと思う。

なかよしラジオ体操

被災地における仮設住宅では、運動不足による健康問題が話題となり、数多くの体操プログラムが実践されている。中でも、ラジオ体操は最も人気があり、誰もが気軽に実践できる運動の一つである。現在の「ラジオ体操」が考案されたのは、１９５１年。実に60年以上もの間、日本国中で親しまれてきた実績がある。この体操は、元来、保健運動であることから、全身をバランスよく、しかも各部位を効果的に動かす点で大変優れている。また、最近は、「いち、に、さん、し」と少し堅めのイメージである体操の掛け声を各地域の方言を用いて、例えば、宮城県石巻市の場合「いず、ぬ、さん、す」と吹き替え、地方色を生かして和やかに楽しく実践する試みも流行っている。

そもそも、ラジオ体操は、健康の保持・増進を目指しているが、加えて皆で一緒に身体を動かすことによって、集団としての一体感を形成することにも大きな効果が期待される。言い方を変えれば、ラジオ体操は、小さな子どもから高齢者まで誰もが、いつでも、どこでも、簡単にできる身体的な教養の一つとして理解されるかもしれない。

さて、１９９５年の阪神・淡路大震災では、兵庫県だけでも5年間で仮設住宅において孤独死した者の数は２３３名におよんだ。内訳では高齢者が多く、入居から時間を置いての死亡例が目立った。震災から10年の間では仮設住宅と復興住宅生活者を合わせて５６０名以上が孤独死したと報道されている。こうした背景には、支援活動がおよばなかっただけでなく、既存のコミュニティが解体され、自治機能が十分に働かなかったことが指摘されている。「絆」をキャッチフレーズとする東日本大震災の復興では、この前例を繰り返してはならない。

こうした課題への取り組みとして、宮城県気仙沼市で支援活動の拠点を持っている日本国際ボランティアセンター（ＪＶＣ）の協力を得て、学生たちを連れて小規模な仮設住宅を訪問した。時期は、震災後半年が経過した9月初旬であった。諸事情から被災地での仮設住宅は、抽選で選ばれることもあり、阪神・淡路大震災と同様に、新たな地域づくりが求められた。しかし、仮設住宅に併設されたコミュニティールームは、様々な荷物が置かれたままで、実際には集会場として機能していないのが実情であった。

そこで、まずは、コミュニティールームを活用するために、体操教室と茶話会や芋煮会等を企画し、

写真１　胸張りの運動と支え合う運動

写真２　前屈の運動と腰マッサージ

住人同士の交流を促すこととした。そのため、高齢者も多いことから、ラジオ体操を元として、人とのふれあいを大切にした「なかよしラジオ体操」を考案し、指導した（写真1、2）。

この体操は、ラジオ体操の徒手運動を基本として、ペアやグループで協力しながら行うものである。具体的には、胸を張る運動は、二人組で仲間に背中を支えてもらうことで、しっかりと全身を伸ばすことができる（写真1）。また、前屈姿勢でのストレッチングは、伸展した腰部を仲間に手で叩いてマッサージしてもらうと、ゆったりとリラックスすることができる（写真2）。本来、単調になりがちなラジオ体操の動作を他者とかかわる観点からアレンジすることで具体性や行為性を引き出す試みである。参加者からは、共に動きながら「あー気持ちがいい」「ありがとうね」という肯定的な声を耳にすることができた。互いに信頼し、支え合うような協力的な活動は、身体面における運動効果だけでなく、仲間との親和性を高める役割を持つと考える。共に笑いながら体操する姿からは、日頃の運動不足で溜まったストレスを発散させ、身体が触れあう体験を通じて心の交流が深まった

運動不足、交流に一役

仮設住宅入居者　支援の大学教授が体操考案

気仙沼

なかよしラジオ体操を学ぶ関係者

写真3　なかよしラジオ体操の普及（三陸日報、2011年12月13日付）

ように感じられた。

こうした体操の効果は、その後に開催されたお茶会や芋煮会において確認された。ボランティアの参加者は、当初、被災者とどのような会話ができるのかを心配していた。しかし、共に汗をかき、笑い、触れ合う体験は、互いの心身の緊張を解きほぐしてくれた。そのお陰で、被災者からはありのままの体験が語られ、参加者もこれをゆったりと傾聴することができた。

しかし、こうした体操や交流イベントの活動は、定期的に継続して実施することに意義があり、その仕組みを作る必要があった。冬を迎えれば、気仙沼市の仮設住宅においても運動不足は一層深刻化し、加えて地域交流の機会は減少する事態が懸念された。そこで、11月に再度気仙沼市を訪ねて、仮設住宅で被災者の支援に当たる社会教育福祉協議会関係者を対象に、「なかよしラジオ体操」を普及するための講習会を開催した（写真3）。それぞれの仮設住宅で住民が自主的に活動を継続できるように、体操の解説ポスターや動作説明を吹き込んだ音楽CDを配布するなど、取り組みやすい環境づくりに努めた。

つくしま体操教室

この震災の最も大きな課題は、原子力発電所の放射能問題である。福島県内への避難者は約7万2千人、県外への避難者は約4万7千人に及ぶ（平成27年2月現在）。現在、茨城県つくば市には、福島県双葉町や浪江町など原子力発電所近辺から500名以上の避難者が暮らしている。故郷は帰還困難区域となり、新たな地域の中で暮らす避難者への支援は、様々な課題を抱えている。当初、筑波大学の学生が立ち上げた復興支援ボランティア団体Tsukuba for 3.11と協力しながら、まずは様々なイベントを通じて避難者との交流の場を持った。福島県民とつくば市民がそれぞれの主体性を大切にして活動することを目指し、学生たちの発案で「つくば」と「ふくしま」を合わせて「つくしま」という言葉を造語した。そして、活動内容を紹介する情報誌「つくしま」を発行して、支援情報を発信している。この考え方を基本として、福島県からの避難者に対して、これまで筑波大学において開催していた健康体操教室への参加を募った。体操教室の名称は、その趣旨から「つくしま体操教室」とした。現在、週1回定期的に活動を継続し、参加者は50名程度で、避難者はおよそ20名が近隣の住民として参加し、交流の場としている（写真4）。

つくしま体操教室では、健康の保持・増進をねらいとして、バランスよく身体を動かすことが実践されている。中でも重視しているポイントは、「なかよしラジオ体操」と同様に、他者との多様な交流を図ることである。単純なストレッチング運動は、輪の隊形になり、互いにマッサージをすることでリラックスする感覚を引き出す（写真5）。また、Gボールを用いた運動はバランスを取ることが難しいので、ペアになって互いに助け合いながら乗り、心地よく弾む（写真6）。高齢者に人気の高いソフトジムは、操作性が良いので相互にかかわり合いを持つ（写真7）。さらに、リズム体操では、可能な限り大きな声で一緒に歌いながら動く（写真8）。

定期的に集う場としての体操教室は、ささやかな活動ではある。しかし、身体活動を通じて交流を図ることは、同時に心の垣根を取り払うことにもなる。体操での出会いがきっかけとなり、異なるコミュニティが打ち解け合い、その輪を広げる機能を果たすことへと繋がった。具体例としては、つくば体操フェスティバルにおいて、双葉町の住民による伝統芸能である「相馬流山踊り」を披露したり（写真9）、双葉町の住民による夏祭りに、つくば市民が参加して盆踊りを行った（写真10）。こうした文化的な交流も始まり、「つくしま」住民が生まれつつある。

被災地におけるコミュニティの再構築や避難民が新たなコミュニティへと融合するためには、様々

桜の下 体操で交流

筑波大が教室 福島から移住6人参加

参加者らは、桜の木の下で楽しそうに体を動かした

東京電力福島第1原子力発電所事故に伴い、福島県から移住した人と地域の交流を図ろうと、9日、筑波大（つくば市）で体操教室が開かれ、移住者6人が参加した。同大の長谷川聡教授（体操コーチング論）が「福島から来た方が同世代の地域コミュニティーに溶け込むきっかけとなれば」と企画。60～80代の男女26人が、ピンクに色づいた桜の木の下で、体を動かした。

この日実施した体操は、長谷川教授が考案した「なかよしラジオ体操」。ラジオ体操をアレンジし、ペアで会話をしながら体を動かすことができる。長谷川教授は昨秋、宮城県気仙沼市の仮設住宅を訪問した際、「仮設住宅のコミュニティールームを活用させよう」と考えたと振り返り「運動不足の解消以上に、地域の人と関わることが目的」と話す。

福島県双葉町からつくば市に移住した主婦、西内タキ子さん（71）は「家の中にいると『福島の自宅がどうなったか』と気になっちゃうから、外に出ると気が晴れる。双葉町では稲作農家で、毎日体を動かしていた」と笑顔を見せた。

写真４　交流を目指した体操教室（毎日新聞茨城版、2012 年４月 10 日付）

写真５　ストレッチ運動でマッサージ

写真６　ペアで助け合ってＧボール

写真７　ソフトジムでグループ体操

写真８　歌いながらのリズム体操

写真９　体操フェスでの「相馬流山踊り」

写真10　双葉音頭をつくば市民と踊る

な方策が求められている。これまでの活動を通じて、体操は、個人レベルの健康づくりだけでなく、素朴でシンプルな協力運動を通じて、コミュニケーション・ツールとしても大きな可能性があると実感した。笑顔が溢れる共同活動が人と人との心を結びつける、まるで接着剤のような役割を体操領域が担うことができればと願っている。東日本大震災の復興支援は、なお続く長い道のりである。「つくしま」人として「顔晴朗」と思う。

◆文献

・三陸新報（20008号）、2011年12月13日付。
・毎日新聞　茨城版、2012年4月10日付。

第4部

体と心の文化論

第10章

武道の文化性——心と身体

大石　純子
酒井　利信

1．はじめに

近年、世界における武道修行者の数は増えつつある。オリンピックでの柔道をはじめ、その他の武道種目でも世界大会が華やかに開催され、そこに多くの外国人選手が集まるのは、もはや珍しいことでもない。日本から指導者の派遣がなされたり、各種講習会が開催されたりするほか、日本に長期滞在して武者修行するなどの民間交流も盛んである。こういった活動を通して競技レベルも向上し、武道文化の宗主国である日本人選手との技術格差はなくなってきている。世界に拡がった武道は今や世界各地に根付き、それぞれに発展、展開しつつある。そのように世界に定着しつつある武道のありようについて、私たちはややもすると、海外での武道はわざや所作法といった表面的な運動形態を受け入れているだけで、心や精神性などの内面的な課題や、「心身一如」の言葉に表現されるような妙味についての深まりは進んでいない、と捉えがちである。しかし、現地に実際に足を運び、ともに稽古を通して汗を流してみると、それが私たちの勝手な思い込みであることに気づかされる。彼らは非常に熱心に学び、運動技術のみならず、その背景にある精神性、身体性、文化性、歴史事項について日本人修行者以上に深く探求しようとし、かつ、それを行動として示そうとする。彼らの熱心な取り組みに応えるべく、また、言葉では明確に説明しづらい我が国の伝統的身体運動文化としての武道について少しでも明らかにすべく、さらに努力を続けていかなければならない。そうして得たものを適切な情報として世界に発信していくこと、それが日本の果たすべき役割ではなかろうか。本稿においては、武道文化の心と身体に関するいくつかの側面について述べてみたい。

2．神々とかかわる心と身体

宮本武蔵はその著述『独行道』の中で、「仏神は貴し仏神をたのまず」と記している（今村、1982）。「神仏は尊ぶべきものであるけれども、私自身はその加護に頼みすがることはしない」という（魚住、2002）。彼がそのようなことを敢えて書き記した背景には、武蔵自身の兵法観において、自らの実戦経験から得た理論を重視する考え方があったのであろう。ただ、別の見方として、その当時の兵法修行の諸場面において、神や仏への祈願がごく自然であった、とも取れる。

伝書として今に残される各種の武芸流派の教えの中には、神社や寺院にこもって祈願を続けた結果悟りを得たり、夢の中で神のお告げを得て極意に達するような話がしばしば登場する。いくつかを列挙するならば、次の通りである。

・大坪流（馬術）を創始した大坪道禅は、常陸の鹿島神社に祈願して夢の中で極意を得た。
・鎗術の大内無辺は羽州の真弓山神に祈願し、霊威を帯びた夢を見て神妙を得た。
・居合の祖といわれる林崎甚助重信は、出羽国の林崎明神に居合の精妙を得たいことを祈願して大悟した。
・陰流の開祖である愛洲移香は、日向の鵜戸の社に参籠して流儀発明にいたった。
・神道流の祖、飯篠長威斎は、常に鹿島・香取神宮に祈り神伝を得た（注1）。

同種の事例は枚挙にいとまがない。こういった記述についての一つの解釈として、武芸流派の正統性や権威付与のための理論武装である、とする見方もある。しかし、真剣に修行に取り組んだ先に、まさに「人事を尽くして天命を待つ」の心境をもって神に頼み懇願したという状況もあったはずで、一概に武芸伝書にみられるこういった参籠開眼の記述を軽んじて扱ったり、真偽の程を判断しようとする態度は好ましくないのではなかろうか。先人の努力と超自然の神秘に敬意を表しつつ、文字通りを素直に受け止めるあり方も重要であろう。

一方で、参籠開眼や神託といったこととは若干異なるが、我が国の剣術伝書類には、「師霊剣（フツノミタマノツルギ）」や「草薙剣（クサナギノツルギ）」といった日本神話に登場する霊威を伴った刀剣にかかわる記述を数多く見ることができる。ここには、そういった霊剣に象徴される神威や神聖性を剣術に反映させようとする考え方があることが指摘されている（酒井、２０１１）。

現代武道は、学校教育において教材としても扱われており、このことから宗教的な色彩はむしろ排除される風潮もある。しかし、遠くその源流をさかのぼってみると、武芸者が自らの心と身体の課題を解決するにあたり、日本の神々との親密なかかわりが存在していたことは確かである。日本武道の精神性を理解するにあたり、心にとめておくべきであろう。

3．武士の心――武士という身分

日本武道協議会が平成20年10月10日に制定した「武道の理念」には、「武道は、武士道の伝統に由来する我が国で体系化された武技の修錬による心技一如の運動文化」とある。すなわち、武道は単に日本で体系化されたというだけでなく、「武士道の伝統に由来する」運動文化であるという。「武士道」とは武士が踏み行うべき道理、道筋であり、武士社会の慣習の中で形成された精神性のこととされているが、そのような「武士道」は武道のあり方にどのような影響をおよぼしてきたのであろうか。

武士とは、10世紀後半に台頭してくる社会的身分である。その発生以前の日本社会においては、中国・唐の制度を模倣した律令軍制の施行において、農民から徴兵された兵士が、画一的な軍事訓練を受けることで軍団兵力が養成されていた。これらの兵士は、当時の日本を取り巻く国際情勢において生じうる対外戦争での派兵が想定されたものであった。国内で発生する盗賊活動などの鎮圧に対しては、国司（律令体制下における地方官）によって登録された武芸得意の者が、発動の指令によって動員される仕組みとなっていた。このような国衙（国司が政務を執った役所）の動員に応じる権利と義務を持つ戦士身分の者が次第に武士へと移行することになる（下向井、２００１）。

そのようにして台頭してきた武士は、武術修錬に支えられた武力を保有し、「御恩」と「奉公」で固く結ばれた主従関係に位置づいていた。加えて、敵対する者と生死をかけて対峙する中にあって、武士としての正義、武士たるもののあるべき姿を探求し、特有の倫理観を発達させていった。原初的には、恩顧を受けた主君に対して自らの命を賭して献身するあり方であったが、下克上の世にあっては、単に献身的に主君に仕える戦闘員から脱して、為政者的性格を保有して一国一城の主としての徳性を求めていく。さらに太平の江戸時代以降では、それまでの精神的伝統を基盤としつつも、儒教的な修身・斉家・治国・平天下の考え方を取り込み、「父子の親」「君臣の義」「夫婦の別」「長幼の序」「朋友の信」の五倫の実現を目指す「士道」を形成していく。そういった倫理道徳的な心情傾向が後に「武士道」と言われる精神性を形成していく（相良、１９８４）。

現代武道の一つ剣道では「剣道修錬の心構え」として、「剣道を正しく真剣に学び　心身を錬磨して旺盛なる気力を養い　剣道の特性を通じて礼節をとうとび　信義を重んじ誠を尽して…」と掲げる。そこに示される修行態度には「信義」や「誠」といった倫理的条項が大きな違和感もなく含まれている。我が国の歴史風土の中で台頭してきた武士によって形成された武士道思想の影響の一端をここにみることができる。

中近世期の日本を支えた封建社会は、もはや過去の遺物である。しかし、そこで武士たちが困難に立ち向かいつつも誠実に力強く生きた証しとしての「武士道」という精神性は、現代の武道文化の中に色濃く残されている。多様な価値観が渦巻く現代社会であるが、武道を通して生きる強さを学びたいものである。

4．勝負における心身——平常心

武士階級の成立は、武士道という倫理体系の形成をもたらしただけでなく、武芸における心法論の形成をも誘うことになる。

武士のあるべき姿の一端について宮本武蔵は『五輪書』「地之巻」に次のように記す。

武士が兵法をおこなうにあたっては、まずは人よりもすぐれていることを根本として、ある場合には斬りあいの勝負に勝ち、ある場合には複数人を相手にした戦において勝ち、主君のために、自分自身のために、名誉を求め、身をたてることを考える。これらは兵法の徳をもってなされることである（注2）。

ここでは、武士が兵法を行う以上はまずは人よりも優れていなければならないと主張する。そうであるがゆえに、勝負にあっては勝たなければならない、と論ずる。武士としての強い自覚と責任が垣間見えるのみならず、そこから派生する勝負へのこだわりが窺える。そのような勝つことへの執念は、『五輪書』「水之巻」において「兵法の身なりの事」「兵法の目付と云事」「太刀の持やうの事」「足づかひの事」など、刀剣を操作する身体技法の工夫としてあらわされる。しかし、武蔵は、単に身体技法の工夫ばかりに拘泥したのではなく、同時に心のあり方についても言及している。

兵法における心のあり方　兵法の道においては、心のもちようは、常日頃の心のあり方と替わることがあってはならない。常日頃であっても、兵法の場面であっても、少しも変わらずに、心を広々と、すなおにまっすぐにして、ひどく緊張させることをせず、またすこしであっても油断することもなく、心がどこかにこだわってしまわないように、心を真ん中において、心を静かにただよわせ、そのただよっているあいだにも止まることのないように、よくよく吟味するべきである（注3）。

このように、兵法場面における心の問題をことさらに取り上げる必要があったのは、いかに技法が優れ、体力に勝っていたとしても、心理的動揺がある状態にあっては勝負がままならないことを経験的に理解していたからであろう。ここで語られる兵法場面における心のあり方は、「常日頃の心のあり方と替わることがあってはならない（常の心に替る事なかれ）」という一文に集約される。いつもと少しも変わらず、心を素直に伸び広げ、緊張させることもゆるませすぎることもせず、片寄って固執することのない静かなありさまがよいという。そのような「常の心」すなわち「平常心」にあってはじめて緊迫状況の真剣勝負の中、日頃工夫鍛錬した身体技法を相手制御のわざとして成功裡に発揮することが可能となり、勝利が手中にもたらされる。

さて、このような心の問題は武蔵に限らず、当時の兵法武芸者にあって共通の重要課題であった。ゆえに『五輪書』以外においても、心の問題は多くの武芸書において論及された。『五輪書』と並び近世武芸思想を代表する武芸書といわれる柳生宗矩の『兵法家伝書（注4）』にも同様の内容が記されている。そこでは、心の状態を乱すもの、あるいは乱れた心の状態を「病（やまい）」とする。

勝つことに集中しすぎるのも病である。兵法をたくみに使おうと思い込むのも病である。習ったことを発揮しようと思い込むのも病、わざを仕掛けようと思い込むのも病である。相手が出てくるのを待とうと思うのも病である。病を拭い去ろうと思いこだわるのも病である。何事をするのであっても心が一つのことにとどまってしまうのを病という。このような様々な病は、だれであっても心にあるものであって、こういった病を捨て去って心を整えるべきである(注5)。

「勝とうとする意識」「学習成果を発揮しようとする意識」「わざを仕掛けようとする意識」「相手の出方を待とうとする意識」など、あらゆる意識的な心の作用を「病」として捉え、心の平静の妨げとしている。そのような「心の病」を去りきった先に「常の心」があらわれる、とする。『兵法家伝書』には、次のようにも記されている。

心の病が皆なくなって、平常心が成就する、病を経験したのちに、病のない段階へ到達するのである。世の習わしに引き合わせて言えば、弓を射る時に、弓を射ようと思う心があれば、弓の所作がみだれて定まらないものである。太刀を使うときであれば、太刀をたくみに操ろうという心があれば、太刀さきが定まらないものである。物を書くときにも、物をうまく書こうとすれば思うように筆は進まない。琴を弾くのであっても、うまく弾こうとすれば曲は乱れるものである。弓を射る人は、弓を射るということを忘れ、何事もしない時の平常心にて弓を射るのであれば、弓は安定する。太刀を使うのも、馬にのるのも、太刀を使わず、馬に乗らず、琴を弾かず、一切をやめて何事もない時のような平常心によってすべてのことをするとき、すべてのことはなんなくすんなりとできるのである(注6)。

なんの意識も働かせない「平常心(常の心)」にあって、あらゆることがし易くなる、と語る。特に、柳生新陰流(注7)においては、立会い勝負の場面にあって、相手の動きを捉え、その出方をうかがう中で勝機を見出す「後の先」の戦法である。自らの心が慌てふためき、勝ちを急ぐ状態にあっては、勝負の好機を確実に掴むことは難しい。「病」を去りきった「平常心(常の心)」はここにおいていっそう重要であったに相違ない。

5. 心身修行の工夫

宮本武蔵の場合、武士として人より優れるために、必勝を目指し、その探求の結果として心の理想的なあり方が導かれていた。一方で柳生宗矩は、徳川幕府の剣術指南役という幕臣的地位にあって為政者的視座から兵法を捉えていた。それぞれの立場に応じて心法論の思索が深められ理想的心のあり方が次第に明らかにされていく。そのような営みに伴って、自らの心が理想的境地に到達するためにどうするべきか、という課題もでてくる。平時日常にあっても思うに任せない心を、生死を分ける真剣勝負の場面でも制御できるようにするために、武芸者は、多様な修行の工夫を試みたようである。

新陰柳生流においては、技法の要訣がこめられた「型」を繰り返し修練する方法がなされた。「型」に込められた学習内容（習い）を、反復によって学ぶのである。『兵法家伝書』には、次のような内容が記されている。

いろいろの技を習いつくし、身構え、目付、ありとあらゆる習いをも十分に習いつくして稽古をするのは、知をつくすということである。そのようによく習いをやりつくせば、習いの具体的な数々の内容は心のうちになくなって、なんの意識もなくなるところ、物をしりつくすという段階である。さまざまな習いをつくして、習い稽古の修行の積み重ねが進めば、手足身に所作はあっても心にはなくなり、習ったことを意識的に思い出すことをしなくても、習った内容を外れることはなく、何事もするのが容易になる。この時には、自分の心がどこにあるのかも特に意識されず、誰もわが心をうかがい知ることはできない。このような状態にいたるための習いである（注8）。

このように、定められた型を無心に繰り返すことで技法の基本を習得し、同時に心の迷いをそぎ落としていく。いわゆる「型稽古」は、近世期に熱心に取り組まれた修行方法である。
一方で、心そのもののあり方、心と連動する「気」のあり方に焦点をあてた修行法もなされるようになる。近世中期に刊行された『天狗芸術論』という書籍には「収気の術」という「気」を収める方法が取り挙げられ、次のように解説される。

まず、仰向けに寝て肩を落とし、胸と肩を左右に開き手足をそのままに伸ばし、手をへそのあたりに置いて、悠々としてすべての考えを忘れ、なにやかにやに心を用いることなく気の滞りを解いて、気を引き下げ、指の先まで気のすみわたるように気を全身に充たし、禅家が行う数息観のように呼吸を数える。初めのうちは呼吸が荒いものであるが、次第に呼吸が静かになるとき、気を活して天地に充ちるようにする。息を止めて気を張り詰めるのでなく、気を内に充たして活かすのである(注9)。

仰向けに寝て、何も考えずに気を全身に充実させて、呼吸数を数えることで体内の気を収める、という方法で、一種の瞑想法である(前林、2006a)。
ただ、このような方法で心の状態を制御しようとするあり方に対しては、批判的な意見もあった。無眼流という剣術流派の三代目とされる大東満兵衛は、その著書『剣術論』において次のように述べている（渡辺、1979）。

仰向けに寝てよく落ち着いたとしても、また起き上がるのであれば変わってしまうものである。まして手に刀剣を持つとき、敵に向かうにあたっては、座ったときのようにあることはできない。特に先にあるような仰向けに寝た状態とは似ても似つかない。勝負の役には立ち難いものである。…中略…敵に向かって動く場面にあって心気をよく治める術を修行すべきである（注10）。

仰向けに寝て、心気の状態が収まったとしても、手に刀剣を持って起き上がって敵に向かっていくにおよんでは、静かな瞑想状態のようにはなれない。勝負の直接の役には立たない方法である。ゆえに、実際の剣術場面のように刀を持って敵に立ち向かう状態において修行すべきである、とする。

仰向けに寝るのではなく、立ち上がって剣術の「型」の動作を伴いつつ瞑想修行で得られるような無我の境地へ至ろうとする修行法を確立したのは、鹿島神傳直心影流である。その基本である「法定（ほうじょう）」と呼ばれる四本の「型」を行う過程においては、呼吸法に焦点を当てつつ実践し、心から沸き起こる情動を取り除いて「無念無想」になることを目指す。先の『天狗芸術論』における「収気の法」が静止状態にあっての静かな瞑想法であったのに対し、「法定」は木刀を操作しながらの動的な瞑想法であり、身体運動としての「型」を実践する中で呼吸法を行い「気」を練り、心のあり方の深化を目指したのである（前林、２００６ｂ）。
武道の立会い勝負の場面における飽くなき勝利への探求は、単なる身体技法の創意工夫を超えて、心のあり方の探求へ進み、さらに、その理想的な心的状態獲得のための修行法の工夫へと展開していったのである。そして、心の課題の克服を単なる心のみに特化した修練に止めるのでなく、身体運動と連動させて捉えることで我が国の武道特有の修行稽古観が形成されていった。

６．身体を通して心を磨く――山岡鉄舟

現代の武道は、「剣道は剣の理法の修練による人間形成の道である」という全日本剣道連盟制定の「剣道の理念」に顕著なように、教育、すなわち人間形成と表裏一体のものとして捉えられている。ここに至る過程において、前述のような修行観の存在は大きい。ただ、より明確に武道の修行を人間としての心の修養に直結させて明言した人物として山岡鉄舟がいる。鉄舟は、その著作『修身要領』において、以下のように述べる。

わたしはいま剣法を修業しているのだが、そこでは他の人とはちがった考え方をしている。しかし、いままでそれを人に語ったことはなかった。わたしが考えるに、世の人びとが剣法を修業

しているのは、おそらくは敵を切ろうとするためのものにちがいない。わたしの剣法修業はちがう。わたしは、剣法の呼吸といわれているものを得て、神妙の理を悟りたいものだと思っているのである。いったんその境地に達すれば、わたしの心は止水のように湛然となり、明鏡のように瑩然となるであろう。問題にすぐさま対処することができ、それがたとえどんなに変化しても、わたしの精神はひとりでに作動し、どんなことでもおのずから悟ることができるようになるであろう。そのような境地にほんとうに到達すれば、それがいわゆる天道に合うということになるのである。

そのようになるとすれば、自己と他とを区別し、外部に敵があることをいうのがほんとうの天道であるかどうか、わたしはこの点を疑わざるを得ないのである。神・儒・仏の三道のうち、敵は存在するという説を正しいとしているものがあるが、それが正しいということになれば、わたしには学ぶ用意がある。しかし、これに答えられる者はいないであろう。

だからわたしが剣法を学ぶのは、ただ心胆錬磨の術を積み、心を明らかなものにすることによって、自分もまた天地と同根一体なのだという理を釈然と理解できる境地に到達したいという目的があるだけである(注11)。

このように鉄舟において、剣法修行は心を明らかにするための手段として扱われる。前項の修行法でも心の課題を克服することは目指されていたが、その目的は、あくまでも立会い勝負の場で動揺しない心身を獲得するためであった。すなわち、心を練るのは、必勝のための手段であった。しかし、鉄舟においては、この考え方が逆転する。心を明らかにして己れ自身もまた天地と同根一体となって人間としての真理に迫ろうとすることが目的となり、剣法修行はあくまでもそのための手段なのである。このような考え方は、現代の教育と表裏一体となった武道修行の先駆的なものといえる。

7．おわりに

世界各地には、いうまでもなく多様な生活習慣、精神性、身体性、宗教観、などの文化が存在する。日本武道の妙を世界に発信することは、それら既存の文化を駆逐することではない。我々の発信したものを受け入れるのかどうかの選択は、あくまでも彼らの手中にある。世界各地における社会文化風土の中で、それは取捨選択され、変容していくかもしれない。しかし、そのことを恐れるあまり深淵な武道文化を小さな日本という島国の中に閉じ込めてしまうのは、あまりにもったいないことである。変容していくかもしれないありさまを慎重に見据えつつ、伝統の豊かな継承と未来に即した展開を期待するものである。

注1：富永堅吾『剣道五百年史』島津書房、62-63頁、426頁、1996年 復刻版参照。ここに列挙される事例は日夏繁高著『本朝武芸小伝』（1716年）に見られる。

注2：「武士の兵法をおこなふ道は、何事におゐても人にすぐる所を本とし、或は一身の切合にかち、或は数人の戦に勝、主君の為、我身の為、名をあげ、身をたてんと思ふ。是兵法の徳をもつてなり」。今村嘉雄編著（1982）『日本武道大系』第二巻、同朋舎、53頁。

注3：「兵法心持の事　兵法の道におゐて、心の持やうは、常の心に替る事なかれ。常にも、兵法の時にも、少しもかはらずして、心を広く、直にして、きつくひつぱらず、少もたるまず、心のかたよらぬやうに、心をまん中におきて、心を静にゆるがせて、其ゆるぎのせつなもゆるぎやまぬやうに、能々吟味すべし」。今村嘉雄編著（1982）『日本武道大系』第二巻、同朋舎、62頁。

注4：新陰流の基本伝書である。

注5：「かたんと一筋におもふも病也。兵法つかはむと一筋におもふも病也。習のたけを出さんと一筋におもふも病、かからんと一筋におもふも病也。またんとばかりおもふも病也。病をさらんと一筋に、おもひかたまりたるも病也。何事も心の一すぢに、とどまりたる病とする也。此様々の病、皆心にあるなれば、此等の病をさつて心を調る事也」。今村嘉雄編著（1982）『日本武道大系』第一巻、同朋舎、108頁。

注6：「心の病皆さつて、常の心に成て、病と交りて、病なき位也。世法の上に引合ていはば、弓射る時に、弓射とおもふ心あらば、弓前みだれて定まるべからず。太刀つかふ時、太刀つかふ心あらば、太刀前定るべからず。物を書時、物かく心あらば筆定るべからず。琴を引とも、琴をひく心あらば、曲乱るべし。弓射る人は、弓射る心をわすれて、何事もせざる時の、常の心にて弓を射ば、弓定るべし。太刀をつかふも馬にのるも、太刀つかはず、馬のらず、物かかず、琴ひかず、一切やめて、何

もなす事なき常の心にて、よろづをする時、よろづの事難なくするするとゆく也」。今村嘉雄編著（１９８２）『日本武道大系』第一巻、同朋舎、１１０頁。

注7：正式名称としては「新陰流」。俗称として「柳生新陰流」のほかに、「新陰柳生流」という場合もある。

注8：「百手の太刀をならひつくし、身がまへ、目付、ありとあらゆる習を能々ならひつくして稽古するは、知を致すの心也。さて、よく習をつくせば、ならひの数々胸になく成りて、何心もなき所、物を格すの心也。様々の習をつくして、習稽古の修行、功つもりぬれば、手足身に所作はありて心になくなり、習をはなれて習にたがはず、何事もするわざ自由也。此時は、わが心いづくにありともしれず、天魔外道もわが心をうかゞひ得ざる也。此位にいたらん為の習也」。柳生宗矩著・渡辺一郎校注（２００４）『兵法家伝書』岩波文庫、30頁。

注9：「先、あをのけに寝て肩を落し、胸と肩とを左右へ開き手足をこゝろのまゝに伸、手を臍の辺り虚欠の所に置、悠々として万慮を忘れ、とやかくと心を用ることなく気の滞りを解、気を引さげ、指の先までも気の往わたるやうに気を惣身に充しめ、禅家の数息観のごとく呼吸の息を数へ居に、初の内は呼吸あらきものなり、漸々に呼吸平らかになる時、気を活して天地に充がごとくすべし、息をつめ気を張にはあらず、気を内に充しめて活するなり」。小笠原春夫編（１９８３）『天狗芸術論』文化書房博文社、１３１-１３２頁。

注10：「仰向ニ寝テ能治リテモ、又起カヘリテハ変ズル也。況ンヤ手ニ劔戟ヲ持、敵ニ向フニ及デハ、坐シタル時ノ如クニハ有ベカラズ。殊ニ最前アヲノケニ寝タル時ノヤウニハ似モツクベカラズ。勝負ノ用ニハ立難シ。…中略…敵ニ向ヒ働ク時ニ、能ク心気治マル術ヲ修行スベシ」。渡辺一郎編著（１９７９）『武道の名著』東京コピイ出版部、１０９頁。

注11：「吾今日剣法を修業すと雖も、思ひ他人と異なる所あり。然れども未だ徒らに人に語らず。吾れ窃に

思ひらく、世人剣法を修むるの要は、恐らくは敵を切らんが為めの思ひなるべし。余の剣法を修むるや然らず。余は此法の呼吸に於て神妙の理に悟入せんと欲するにあり。若し一度其境に到達せば、心は湛然水の如く、瑩然明鏡の如くならんか。然らば則ち物来りて順応し、たとへ万変に酬酢すと雖も、天機霊活、入るとして自得せざるはなきに至らん。真に此の境に到達せば、所謂天道に契合したるものなるべし。果たして然らば、自他を設けて外部に敵ある事を説くは是れ真の天道なるや否や、吾れ甚だ疑はざるを得ざる所なり。神儒仏、何れか夫れ敵の存在を以て真理となし、果して是れ正なりせば、吾れも亦之を学ばん。恐らくは夫れ、答弁するものなからん。故に、余の剣法を学ぶは、偏に心胆錬磨の術を積み、心を明めて以て己れ亦天地と同根一体の理、果して釈然たるの境に到達せんとするにあるのみ」。山岡鉄舟著・高野澄編訳（1997）『山岡鉄舟・剣禅話』徳間書店、101-102頁、106-108頁。

◆文献

・今村嘉雄編著（1982）『日本武道大系』第二巻、同朋舎、94頁。
・魚住孝至（2002）『宮本武蔵―日本人の道』ぺりかん社、161-163頁参照。
・酒井利信（2011）『刀剣の歴史と思想』日本武道館。
・相良亨（1984）『武士の思想』ぺりかん社、73-74頁参照。
・下向井龍彦（2001）『武士の成長と院政』講談社、16-18頁参照。
・前林清和（2006a）『近世日本武芸思想の研究』人文書院、165頁参照。

・前林清和（2006b）『近世日本武芸思想の研究』人文書院、176-178頁参照。
・渡辺一郎編著（1979）『武道の名著』東京コピイ出版部、97頁参照。

第11章　身体とこころをどのように捉えるか

林　洋輔

1．はじめに

人間がスポーツなどで自らの身体を動かす時、この身体をいったいどのようなものとして考えればよいだろうか。また、自分の「身体」と「こころ」はどのように関係し合っているだろうか。この問いについて、学問の世界では「心身関係論」という分野の中で考えられてきた。そこでまず、この分野の中に生じたおもな主張を振り返り、「身体とこころの関係」について論じられてきたことのうちでも覚えておくべき事がらを取り上げる。次に、スポーツの場面における「身体とこころの関係」および身体の考え方について見ていく。さらに、近年では人間の「身体とこころはひとつのものである」とする考え方――これを「身心の統合《とうごう》」と呼ぶ――が注目されている。この身心の統合という考え方について最後に述べていく。

2.「身体とこころの関係」はどのように考えられてきたか?

私たちが考えている「身体とこころ」の関係、あるいは身体に対する考え方は、17世紀前半に生きた哲学者・数学者のルネ・デカルト(1596-1650)の主張に対する賛否からつくられている。彼は「身体とこころ」の関係について、いくつかの著作を残しており、最も著名なものは『省察』という本の中での主張である。彼はこころ(精神、魂)と身体をそれぞれ全く異なるものと考えた。彼にとってこころとは、知的に考えたり想像したり、あるいは何かを感じたり意志を働かせたりするような「思うもの」であって、長さや幅そして深さは一切ないと考えた(デカルト、2006)。つまり、こころはものを考えたり感じたりする役割だけをになうものであって、形はないと彼は考えていた。これとは逆に、デカルトにとって身体とは、長さや幅、そして深さをもつとともに全く、も、の、を、考、え、な、い、も、の、であった。つまり、身体は、こころのように何かを考えたり意志したりはせず、長さや深さ、そして幅といった「ひろがり」をもつものである。それゆえ、デカルトは、人間が思うものとしてのこころと、ひろがりをもつものとしての身体からなるものと考えたのだ。

ところで、デカルトの考えた身体は、数学や物理学によって、その中身を完全に理解することができるものである。この考え方は、現代の私たちが「科学的」そして「スポーツ科学」と呼んでいるものの考え方の基礎をなす。別の言い方をすれば、数学および物理学によって身体を含めた自然のしくみを完全に理解できるという主張がデカルトのそれである。スポーツ科学もまた、数学や物理学を研究方法の基礎としつつ、スポーツする人間の動き方やふるまい方を明らかにしようとするものだ。

さて、デカルトは、ひろがりのない人間のこころについて、それは数学や物理学によって答えを出すことができないとする。つまり、こころのことは科学的な方法では解明できないとみなしていた。しかし、現代では、科学の発達と科学者たちの努力の結果、こころにかかわることも数学や物理学によって明らかにしようとする研究が進められている。その一例として、こころがどのように生じるのかといったことやどのような刺激を受けると脳のどのあたりにいかなる反応が生じ、その結果どんな感情が生まれるかといったことも数学や物理学を用いた脳科学で明らかにされつつある（ダマシオ、2010参考）。また、哲学の領域でも、「こころの自然化」といって、数学や物理学を通じて「こころ」についてのことに答えられるとする立場がある（野家、2010）。この考え方を支持する哲学者は、現代科学の考え方を手がかりとして、こころに関する事がらを明らかにしようとしている。もちろん、デカルトの立場——こころのことは、数学や物理学ではわからないとする立場——がくつがえされたわけではない。しかしながら、「こころの中身、あるいはこころと身体のつながりは数学や物理学で明らかにすることができるか？」という問いについては、まだしばらく決着がつかないと考えられている（サール、2006）。

重要なことは、現代に至るこころと身体の関係についての問題は、デカルトの主張からはじまり、現代は数学や物理学の考え方からこころと身体の関係を明らかにしようとしていることである。そして、スポーツにおけるこころと身体の関係についても、これまで述べてきたことに影響されて、研究が続けられている。では、このスポーツを主な教材としている体育の場において、人間の身体そしてこころと身体の関係がどのように考えられているかについて見てみよう。

3. 体育・スポーツにおける「身体」、そして「身体とこころ」の関係

体育における人間の身体そしてこころと身体の関係については、「体育哲学」という分野で主に研究されている。そこでは以下のような身体観およびそれぞれをもとにしたこころと身体の関係についての考え方がある。

まず、先に取り上げたデカルトにおける身体観の見直しである。彼は身体を機械とみなした。人間の身体は、決してものを考えないマシンでしかないというのだ。この考え方は、体育哲学の研究者たちから長い間、否定され続けた。その研究者たちによれば、デカルトが主張した「こころと身体は全く別のものであり、身体は機械である」という主張は間違いである。むしろ、「心身は一体のものであって、身体は機械などではない」とする立場が広く体育哲学の研究者の中に見られた。しかしながら、このように「身体は機械ではない」とする研究者たちも、「それでは身体とはどのようなもので

あるか?」という問いに対して、人々を納得させるような答えを示すことはできなかった。そのことに対する反省も踏まえ、今では逆にデカルトが主張したように身体を機械とみなすことで、体育やスポーツの場における人間の身体運動をうまく説明できるとの見方もある（林、2013参考）。デカルトは、こころと身体を別のものとしつつ、それらがひとつに結びついた「実体の合一」（そして心身のかかわり合うさまについては別に「心身の合一」として人間を捉え、この心身観のもとに人間の身体運動を考えている。もちろん、この場合の人間の身体とは機械である。そこで身体は機械であるとする主張は、今もなお体育やスポーツの場において人間の身体を考えるための見方のひとつとなり、後で述べる科学者たちの支持する身体観とも通ずるものがある。

次に、身体を「可能性をもつもの」として捉える身体観がある（佐藤、1993）。私たちの身体は生まれた時から身体というわけではなく、「からだ」として生まれる。そして、家族や教師から様々な教えを受けてからだの使い方――例えば箸のにぎり方やなわ跳びの跳び方、速く走るために必要なこと――を習い、次第にからだから身体へと育つ。別の角度から言えば、生まれながらの人間のからだは、様々な人との出会いの中で育まれ、人間として活動するために必要な能力をもった時に身体となる。この考え方によれば、人間の身体とは他人との交わりのもとで、はじめて様々な能力を発揮できるようなものとみなされる。つまり、様々な可能性をもつものとして身体が捉えられているのだ。この様々な可能性をもつものとして身体を捉えることは、人間が生まれた時の特定の時代や地域

――ヨーロッパ、南米、日本、あるいは明治時代、江戸時代、平成など――の文化に応じて多彩な運動能力を習得できるということを意味する。例えば、サッカーの練習を繰り返すことでサッカーのスキルが習得できるだけではなく、野球の練習を続ければ野球で必要な動き方が、またバスケットボールの練習をすればそれに見合ったスキルが、というように個人の学び方に合わせて運動能力を習得し発揮できるポテンシャルを身体はもつ。先に触れた体育哲学の研究者の中には、今述べた身体観を深く考えていた古代の哲学者アリストテレスの見方を参考に、他人と交わる中で様々な身体能力を習得し、発揮できるもの――つまり可能性をもつもの――として身体を捉える立場がある。最近では、人間の身体とは生理学的・解剖学的に見れば「肉体」であり、文化論的・社会論的にみれば「身体」であり、哲学的・芸術的にみれば「からだ」として捉えられるとする考え方も生まれている（久保、2010）。この考え方も、身体を複数の視点から考えることで身体の見え方が変わり、体育における身体について深く考えられるとする。つまり、他人と交わる中で様々な可能性を発揮するものとしての身体に着目した身体観といえよう。

さらに、「わたし＝身体」とする考え方がある（久保、2010）。これは、デカルトのように身体＝機械とする考え方と大きく異なる見方から捉えられた身体観である。この考え方によれば、身体はこころとしてのわたしと別ものではない。つまり、人間は身体がなければ生きてゆけないのだから、身体としてのわたしはそのまま身体とイコールであるということになる。別の言い方をすれば、こころとは別ものとして身体があるのではなく、身体とは世界の中で、ほかの様々なものや人々と交わりながら生きる人間そのもの――つまり「わたし＝身体」――である。そのことは例えば鉄棒の逆上がりにおいて感じられる時の、まわりの世界と自分との一体感からも感じられることであり、それゆえ、人間とは「わたし＝身体」という言い方で表現される。この考え方においても、人間の身体は機械などではなく、わたしつまりこころと一体になったものとして人間が捉えられている。このような考え方も、また近年になって表明されたものだ。

　面白いことに、ここで挙げたそれぞれの身体観は、いずれもこころと身体はひとつのものという主張で共通している。無論、それぞれの立場によって、この「ひとつのもの」の意味内容は異なる。しかし、デカルトの場合はこころと身体がそれぞれ別ではあるが、それらが密に結ばれたものとして、人間の心身がひとつのものであるとする。また、アリストテレスに影響を受けた立場では、こころと身体が別ものであるかどうかという問題そのものを退ける。こころも身体も、最初からひとつのものであるという立場をはじめから前提とするからだ。そして「わたし＝身体」という立場もまた、こころと身体は同じもの――つまりひとつのもの――として人間を捉えている。要するに、具体的な実質は異なるけれども、身心の統合されたひとつのものとして人間を捉えることでは、どの考え方も共通しているのである。

　視点を現代のわが国の教育制度へ向けてみよう。中学校および高等学校の保健体育教師が参照する学習指導要領によれば、身体とこころを一体として捉える――つまり身体とこころをひとつのものとして捉える――立場がはっきりと打ち出されている（文部科学省、２００９）。このように身体とこころはひとつのものであるという主張は、多くの人々によって古今で認められてきた。以下では、「身心の統合」という考え方を見てみることで、これまで論じられてきた身体観およびこころと身体の関係が現代ではどのように活かされているのかを考える。

4．「身心の統合」に向かって

身心の統合という考え方についていえば、これとよく似た心身観が昔から見受けられた。ここでは、次の二つの視点をもうけて考えてみる。すなわち、①身体――論者によっては人間そのもの――を機械とみなす立場からの「身心の統合」、そして②身体を機械とはみなさない立場からの身心の統合である。前者を代表するものが「スポーツ科学」そして「脳科学」であり、後者を代表するものがボディワークやヨガである。

まず、身体そして人間をひとつの機械とみなす考え方は、現代の自然科学界にひろく受容された考え方であり、スポーツ科学もその考え方を受けついでいる。具体的な例として、「スポーツバイオメカニクス（Sport biomechanics）」がある。もともとバイオメカニクスとは、生物あるいは生体を意味するバイオ（bio）と力学（mechanics）が合わさってできた科学である（阿江・藤井、２００２）。そしてスポーツバイオメカニクスとは、このバイオメカニクスという考え方をスポーツにおける様々な場面に応用していこうとする。より具体的には、スポーツにおける運動や人のふるまいにおけるよりよい動き方、またスポーツで使われる用具のしくみを数学や物理学によって明らかにしていこうとするものである。そこでこのスポーツバイオメカニクスでは「人の動きはどうなっているのか」「なぜそのような動きになるのか」あるいは「どのようにしたら、うまくできるか、よくなるか」さらに「こんな動きはできないか、こんなことはできないか」といった問いについて深く考えていく（阿江・藤井、２００２）。スポーツバイオメカニクスの研究ではこれらの考え方を用いて身体の動きを分析し、よりよい動きを考える。要するに、この分野の研究者たちは実験において様々に条件を設定しつつ、数学や物理学の考え方から人間の身体や道具を機械とみなし、人間やモノのよりよい動き方を考え続けている。

ところで、このように身体＝機械とみなす考え方は、人間の身体さらには人間そのものをひとつのケミカル・マシン――精密なしくみをもった機械――とみなす考え方にも行きつく。例えば近年の発展がめざましい脳科学もまた、身体や人間の全てを数学および物理学の考え方から理解しようとする。別の言い方をすれば、人間の身体もこころも両方とも機械であって、そのことは数学や物理学の方法によって明らかになるというのが脳科学の考え方である。つまり、デカルトがとなえた身体＝機械とする考え方は現代の自然科学を支える骨組みとして科学者たちに今も支持されており、この身体＝機械さらには人間＝機械という考え方も「身心の統合」を説明するための視点のひとつである。その具体的な例として、人間が様々にこころを働かせる時——つまり知的に考えたり、何かを思い浮かべたりする時——、脳内ではどのような活動が行われているのだろうか。現代の脳科学にはＭＲＩ（magnetic resonance imaging：核磁気共鳴画像法）といって、人間のこころの活動に伴って脳内の血液がどのように動いているのかを画像で確認できる方法がある。また人間の行う運動によって脳が活性化し、認知機能が向上することが確かめられている（ＢＡＭＩＳ、２０１２）。これらの研究方法や成果は、身体そしてこころをひとつのマシンとして捉える視点から生まれたものである。もちろん、人間のこころは機械ではないと主張したデカルトと、現代の科学者たちとの間で考え方は異なる。しかしながら現代の科学者たちは、長さと幅そして深さを備えた身体が機械であると主張したデカルトの考え方をさらに押し広げ、人間そのものを精密につくられた機械とみなして研究を続けている。

では、これとは別の身体観ないし心身観として、身体を機械とはみなさない考え方についても見てみよう。例えば、「ボディワーク」という視点から身体を再考し、「身心の統合」の中身について考える試みである。このボディワークでは、気功や呼吸法、そして「身体感覚」や「気」といったものに着目することから身体とこころの関係について考えていく。ボディワークでは、「自分を自分の内側から感じて、自分の体や心に豊かな広がりを実感」することにも重きをおく（遠藤、２００５）。そのことは身体とこころを分けて考えるという心身の捉え方ではなく自分の身体を感じること、そして呼吸を通じて自分の身体について考えなおす機会を人々に提供する。現代科学による分析的な——つまり、ものごとを細かく分けて考える——視点ではなく、自らの身体を実際に動かしてみて感じることから、身体とこころの関係そして身体を考えるための見方をボディワークが私たちに提供するのだ。身体を感じるものとしてみなすこの視点もまた、身心の統合されたものとして人間を考えるためのひとつの見方である。

さらに、この身体を感じることから身体とこころがひとつのものであることを理解するには、わが国でもよく知られている「ヨガ」もまたよい手引きとなる。もともとヨガとは「牛馬に軛（くびき）をかける、結びつけること。装具をつけること」であり、「統御」「結合」を意味するとともに、自分自身と完全に結合する——つまり「こころとからだ」と両者を分けることなくひとつにする——ことである（川上、２００５）。

現代ではいわゆる「ストレスマネジメント」や健康の増進を目的としてもヨガが広く実践されており、筋力や柔軟性を高める——それらは階段の昇り降りや満員電車内でのバランスに役立つなどの効果も期待される——ばかりではなく、精神的な落ち着きにもつながるものとされている。そして、ヨガを実践する人たちは、様々な「アーサナ（姿勢）」をつくる。例えば「山のポーズ」とも呼ばれる「ターダアーサナ」や、直立姿勢から上を向いて両方の手のひらをやや前方上方で組み合わせる「ウルドゥワハスタアーサナ」などはその一例である。これらのアーサナをつくるためには、もちろん自分の身体を意識することがまずは必要であるが、むしろ最終的には自分の身体に意識を向けることよりもそのようなアーサナによって自分の身体を感じることが目指されている。つまり、ヨガの技法に則ったアーサナをつくることで身体の心地よさを私たちが感じるとともに、自らにとって違和感や不快感のない身体の動かし方を私たちは学ぶことになる。そのことは、単にストレスの対処法としてヨガを活用することにとどまらず、身体とこころがひとつのものであることを感ずるものとしてヨガが行われることを意味する。自らの身体を動かすことでストレスを取り除くことばかりではなく、心身一如のセルフコントロールを行うという側面もヨガには含まれているからである。

　また、このようなヨガにおける身体とこころの関係は、現代の自然科学と必ずしも対立するものではなく、例えば解剖学の知識をも合わせることで、より効果が促進されるとの見方もある（中村、２０１０）。ヨガは身体の動かし方を学ぶことから自分の身体を感じることをも知り、身体とこころがひとつのものであることを実感として理解する手がかりをもたらす。身体＝機械という考え方とは異なるボディワークやヨガの身体観そして心身観もまた、身体とこころがひとつのものであることを知るために重要なものと言えるだろう。

　以上をまとめれば、最先端の研究においては人間の身体を機械とみなすものやそうでないものなど、様々な身体観や心身観が主張されている。しかしながらそのうちのどれが正しく、どれが間違っているのかを決めるのが課題なのではない。むしろ、それぞれの立場から体育やスポーツにおける様々な身体観そして心身観を通じて人間の動くありさまを考えること、そしていわば「動く人間」における身体観および心身観についてのよりよい考え方を生みだすことが重要であり、また必要と考えられている。なぜなら、それによって今まで知られていなかった自分自身の側面をより深く知ることになるとともに、それぞれの生活さらにはよき人生を送るために役立つ考え方が生みだされていくからである。

5. おわりに

以上のように人間の身体そして身体とこころの関係については、哲学をはじめ多くの分野で研究者たちが関心をよせてきた。現代で問題とされている身体とこころの関係については、デカルトの主張がそれまでとそれ以後とを区別する目印となって現代に至ることをはじめに確認した。そして、現代において学問分野の横断と協働を踏まえて研究を続ける体育・スポーツの研究者たちは、「身心の統合」という考え方から人間の身体そして身体とこころの関係を考えている。この「身心の統合」というキーワードが体育やスポーツの現場における人間の身体や身体とこころの関係、さらには人間の生き方に対して多くの示唆を与える。

人間の身体および身体とこころの関係についてこれから考えなければならないのは、この「身心の統合」の中身がどのようなものであり、この問いに対して提案された回答をいかに議論していくかということである。重要なことは、スポーツやエクササイズなどを通じて身体とこころの関係を考えるとともに、哲学や科学さらには宗教が考えてきた様々な立場を知り、自分なりの立場から身体による実践を通して考え続けることだ。そしてそれによって、身体とこころはひとつのものという主張の中身についての自らの回答が作り上げられていく。そもそも「人間の身体とはどのようなものか？」という問い、そして「身体とこころの関係とはどのようなものか？」という問いは古代から現代までその時代の賢人たちが重要な研究テーマとして考え続けてきた事がらであり、これらの問いは言うならば「考える喜び」を考える者にどこまでも与えてくれるものなのだ。

ただし、スポーツあるいはエクササイズの実践からこれらの問いへの回答を考えるようになってきたのは比較的最近のことである。そして考え抜いた結果として、デカルトや科学者のいうような答えで満足するのか、それともスポーツやエクササイズをとば口として理論的な研究に向かい、自分なりの考え方をもつのか、それはこの問いを考える人それぞれにゆだねられている。私たちは、「身心の統合」すなわち身体とこころはひとつのものという考え方をどのようにつくっていくのか、そこに人間の身体そして身体とこころの関係について深く考えることの魅力がある。これらの問いを考えるための門は誰にでも開かれている。

◆文献

・阿江通良、藤井範久（２００２）『スポーツバイオメカニクス20講』朝倉書店。
・遠藤卓郎（２００５）「〈授業報告〉ボディワークの授業から：内側からの体育に向けて」『大学体育研究』27号、11-29頁。
・川上光正（２００５）『川上光正論文集Ⅱ　ヨガ健康学論』ブイツーソリューション。
・久保正秋（２０１０）『体育・スポーツの哲学的見方』東海大学出版会。
・サール、ジョン・R（２００６）『マインド　心の哲学』山本貴光、吉川博満訳、朝日出版社。
・佐藤臣彦（１９９３）『身体教育を哲学する――体育哲学叙説――』北樹出版。
・ダマシオ、アントニオ・R（２０１０）『デカルトの誤り　情動・理性・人間の脳』田中三彦訳、筑摩書房〈学芸文庫〉。
・デカルト、R（２００６）『省察』山田弘明訳、筑摩書房〈学芸文庫〉。
・中村尚人（２０１０）『ヨガの解剖学』ＢＭＢジャパン。
・野家啓一（２０１０）「哲学とは何か――科学と哲学のあいだ」『日本の哲学』第11号、8-22頁。
・林洋輔（２０１３）「デカルト哲学における情念と身体運動：習性と予備修練に着目して」『体育学研究』第58巻、第2号、６１7-６３５頁。
・文部科学省（２００９）『高等学校学習指導要領解説　保健体育・体育編』東山書房。
・ＢＡＭＩＳ（２０１２）『平成22-25年度文部科学省特別経費プロジェクト　たくましい心を育むスポーツ科学イノベーション―身心統合スポーツ科学・認知脳科学の導入―』中間報告、筑波大学。

コラム 4

身体から社会をみつめる

清水 諭

はじめに

多くの入試問題において、「頭」の中に情報を要領よく詰め込むことが求められている。私たちは、テキスト・参考書・問題集を読み、単語やフレーズ、そして原理・原則を覚え、問題を繰り返し解きながら、重要事項を記憶することを「勉強」といい、その知識の量が偏差値と相関しているのが現在の状況といえる。人間が生きる上で、考え方の基本を形成するためには、ある時期集中して情報を入れ込むことは必要だという認識があるのだろうが、国語・英語・数学・理科・社会の主要5科目の知識のみが人間が生きる全ての基本であると考える人はいないだろう。日本人の平均寿命が80歳を越え、国境を越えて人々が行き交う文化状況において、ひとり一人の身体にある多面性について考えることが求められている。

走る／歩く

最近、走ったのはいつ、何のためだっただろうか。決められた時間に間に合うよう駅の階段を駆け上がった、何となく怖いので暗い夜道を家まで走った、健康のために公園をジョギングした、運動部の練習において全員が声を出してランニングした、あるいはマラソン大会に出場しタイムを競ったという場合もあるだろう。

では、いったいいつから人々は走るようになったのだろうか。古代から動物に追いかけられたり、戦《いくさ》の際に馬に乗っていない兵士が走ったり、江戸時代に飛脚が長距離を走ったとされている。目的がなければ走ることはないとすれば、江戸時代の庶民たちは果たしていつ、どのようなフォームで走っていたのだろうか。

「ナンバ」という言葉を聞く。右手と右足、左手と左足が、同時に前方に繰り出される身体の使い方とされ、相撲や鍬で土を耕す時など「ぐっと」力をかける際にこの身体の用い方がなされる。「ナンバ歩き」という言われ方もあるが、右手と右足、左手と左足をそれぞれ大きく前に振り出して歩いていたとは思えない。走る習慣もなく、腕時計が普及していたわけでも、工場労働が毎朝9時にはじまり夕方5時におわるという状況でもなかったから、今のように1分2分を気にして過ごしていたわけではなかっただろう。街に電灯はなかったので、提灯を持ってゆっくりと歩いていたに違いない。

こうした生活全体を考えると、江戸時代の多くの人々は、両手を身体の前に垂らすようにして、右足、左足と踏みだし、二軸で歩くようなかたちだったのではないだろうか。

兵士になる

ならば、人々は、いつから、今のように右手と左足、左手と右足を、振り子の動作のように大きく振り出して走るようになったのか。なるほど、古代ギリシャ・オリンピックの遺跡から発掘された人間たちは、手足を振り子のように使い、大きなストライドで走っている様子が見て取れる。しかし、日本の人々がこうした競技会に参加したのは、明治時代に入ってからのことである。

国家が成立するためには、暴力を統治する警察および軍隊が形成される必要がある。日本においては、1877（明治10）年の西南の役で西郷隆盛率いる薩摩軍に官軍が全く歯が立たなかったため、1879（明治12）年に上毛大演習が行われ、そこで集団行動、行進、駆け足、突撃、方向転換、匍匐前進など近代的な軍隊をつくる訓練がなされた（武智、1989）。これを手はじめにして、日本の軍隊はフランスの『歩兵操典』を用いたりしながら、一つの号令のもと、集団で手や足を揃えて移動するようになったとされる。「ゼンターイ、ススメ！」「ゼンターイ、トマレ！」「気をつけ！」などの号令のもと、兵士の基礎を学校における体操や集団行動でつくっていった時代があった（清水、

1996）。

模倣する

体育の授業のほか、運動部の練習や運動会など学校行事における集団行動などには、こうした身体動作を構築する歴史と文化があった。規律訓練は、支配者がそれに服従している人々をその都度、直接的に指導するのではなく、人々が支配者にまなざされていると思い、自主的に支配者の意を汲んだ行為をすることである。周囲の人々と模倣し合った一糸乱れぬ集団行動は、まさに規律訓練の様態そのものである。

だが、この模倣は、学校など限られた空間でのみ生起するのではない。オリンピックやサッカーのワールドカップでアスリートが見せる高いレベルの技芸は、瞬く間に現在の子どもたちの身体に刻み込まれていく。クリスティアーノ・ロナウド選手が見せるドリブルやフリーキック、イチロー選手のバットコントロールは、その技芸前後のしぐさを含めて、子どもたちがすぐさま模倣する。2012年ロンドン・オリンピック100m決勝で見せたウサイン・ボルト選手（ジャマイカ）の大きなストライドでの高速疾走の記憶もその後の両手を大きく広げるあのしぐさとともに記憶化されている。

こうしたトップ・アスリートの技芸とそのしぐさは、消費社会において企業（商品）の格好のイメージキャラクター（ロゴ、アイコン）となる。彼らの身体とそのパフォーマンスは、消費社会における商品の広告にあっという間に結びつき、全世界に波及していく。これらは、テレビはもとより、ウェブサイト上の様々な動画サイトと結びついた現代のスポーツが、資本主義社会の法則に左右される一大産業になっていることを表している。

分かち合う

ここまで、身体の動きやしぐさが、社会の歴史や文化、そして経済と深くかかわってきていることを述べた。最後にそうした「身体」とは別の「からだ」の捉え方について述べておきたい。

私たちは、風邪を引いたり怪我をすると、内科や外科のある医院や病院に出向き、一定の処方箋によって、薬を投与されたり、患部に湿布を貼られたりする。これらは、実験を繰り返し、客観的なデータの蓄積から一定の処方をもたらす、いわば生理解剖学的なアプローチによって身体を捉える見方である。それに対して、より主観的な、内側から捉えた身体、すなわち自分自身の内的制御のための身体意識や自己意識に焦点をあてるアプローチが存在する。これは「ソマティクス（somatics）」と呼ばれ、今ここに存在する自らの「からだ（soma）」を内観し、己自身（self）を感受するに至る体験的試みのことをボディワークと呼ぶ。外側から形態を測定し、実験などをもとにした客観的な

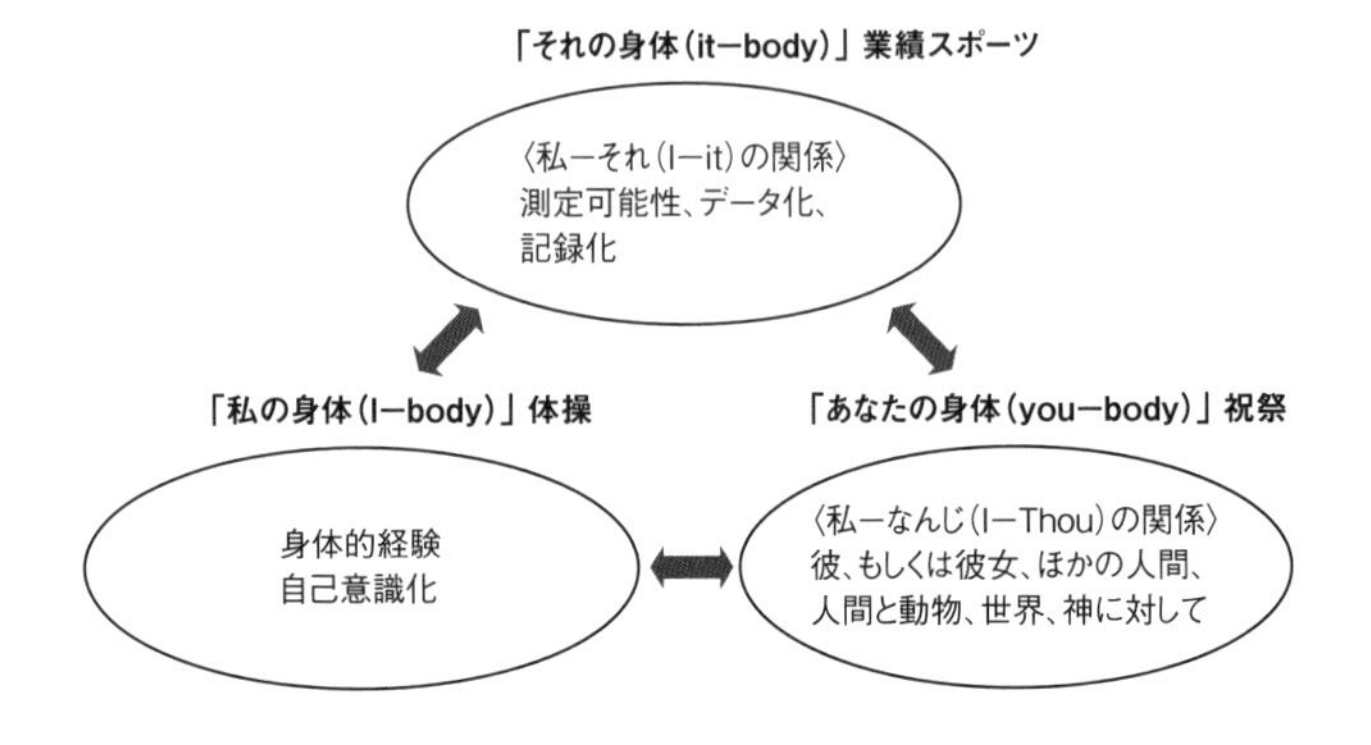

図１　身体文化の三元論（アイヒベルク，1997）

データによって評価する、いわば「三人称」の科学と異なった、自らの固有の知覚に集中する「一人称」のアプローチ。そこでは、身体にとって不自由な緊張や習慣化を無理なく解放することを目的とした動きをしながら、自分のからだとこころの状態に自らが気づく（awareness）（ＢＡＭＩＳ編集委員会、２０１４）。ヨガ、気功、そしてロルフィングの隆盛は、現代を生きる人々が自分自身の内面に向き合い、その状態に気づくことを重視しているからだといえる。運動を通して、自分のからだとこころの状態に気づき、認識し、そこから生きていくこと。そして、そのことを周囲の人と分かち合うこと。そうしたつながりが、からだを通して可能になるとすれば、効率化とスピード重視の社会のありようとは異なった考え方とヴィジョンが見えてくる。自分のからだから社会を変革することが可能だと思う瞬間である。

◆文献

・アイヒベルク、ヘニング（1997）『身体文化のイマジネーション：デンマークにおける「身体の知」』清水諭訳、新評論。
・清水諭（1996）「体操する身体：誰がモデルとなる身体を作ったのか／永井道明と嘉納治五郎の身体の格闘」『年報筑波社会学』8巻、119-150頁。
・武智鉄二（1989）『伝統と断絶』風塵社。
・BAMIS編集委員会（2014）『ボディワークと身心統合』創文企画。

あとがき

「たくましい心を育むスポーツ科学イノベーション」のプロジェクトを通して専門領域や学問分野を超えたメンバーがチームを組み、人間をまるごと元気にすることを目指して、「身心統合科学（ＢＡＭＩＳ：Body and Mind Integrated Sciences）」の研究と実践にチャレンジしてきた足跡が、本書である。

本書は、脳や筋の機能から武道や文化論、そして運動指導や復興支援まで、理系と文系、研究と実践などの垣根を越えて、専門性の異なる研究者が各章を執筆している。各章の有機的統合はまだ不十分であり、体と心が一体となって機能している人間には遠く及ばない。しかし、多彩なテーマに関して新しい科学的知見や実践に役立つ方法や成果が紹介されており、幅広く興味を持っていただける内容になっていると自負している。

第3部に、困難にくじけず元気に飛び跳ねる東日本大震災の被災地の子どもたちや、剣豪が刀を自在に操るようにGボールと一体になって無心に遊ぶ子どもの姿が報告されている。たくましい心とかしこい体とはどのようなものか、彼らが身を持って体現してくれていると思う。夢中になって楽しく課題に取り組んでいる状態は「フロー」と呼ばれ、結果として高いパフォーマンスが得られるが、そのような時にはかしこい体が勝手に動いている。その一方で、過剰なストレスで疲弊している人やパフォーマンスの低下に悩むアスリートなど、多くの人々がサポートを必要としている。スポーツや運動などの体験を通して、そのような人々を身心ともに元気にすることに役立つ「身心統合科学」を構築することは、現代社会から要請された喫緊の課題であると考えている。

研究や実践を積み重ねるに従って、体の仕組みの精妙さと心の働きのしなやかさに益々驚嘆させられ、それらを統合的に理解するために、従来の科学的発想を切り換える必要に迫られた。本書の随所において、二つに分けられたモノとしての体（Body）と心（Mind）だけではなく、体の動き（Motion）と心の動き（Emotion）が論じられていることに注目していただきたい。部品としての脳や筋や血管や心の仕組みをバラバラに解明し、それらを組み立てて統合しても、人間の姿は現れない。人がイキイキと活動し、様々な環境に対応して最適なパフォーマンスが実現している時、体の動きと心の動きとしてそれが現れてくるのである。体と心は、固定的な構造としてではなく柔軟な機能として、個々の人間の中に統合されている。

このような「身心統合科学」の研究成果を基盤として、2015年に「ヒューマン・ハイ・パフォーマンス（HHP）先端研究センター」が筑波大学に発足した。取り組むべき各種の研究課題は独立していても、体と心が一如となって生み出すハイ・パフォーマンスを共通のアウトカムとして見据えて、研究と実践がチームで推進されている。今後の成果に期待していただきたい。

なお、本書の出版は、企画から長期にわたり辛抱強くかつ丁寧に本書の編集にご尽力いただいた大修館書店の久保友人さんをはじめ、個性の強い執筆陣を根気よくサポートして原稿をまとめていただいた林洋輔さん、岩山海渡さん、松田佐保さんなど、多くの方々の尽力によって可能になったものである。執筆者全員の思いとして、心から感謝を申し上げたい。

坂入　洋右

平成28年5月

【編著者】

征矢英昭（そや　ひであき）（**第4章**）
1959年生まれ。筑波大学体育系教授。医学博士。専門は運動生化学、脳フィットネス。［著作］『新版　これでなっとく使えるスポーツサイエンス』（共著、講談社、2007）、『ストレス科学事典』（共著、実務教育出版、2011）など。

坂入洋右（さかいり　ようすけ）（**第1章**）
1961年生まれ。筑波大学体育系教授。博士（心理学）。臨床心理士。専門は、健康心理学、身体心理学。［著作］『現代に生きる養生学』（共著、コロナ社、2008）、『The Oxford Handbook of Health Psychology』（共著、Oxford University Press, 2011）など。

【著者】

高木英樹（たかぎ　ひでき）（**第2章**）
1962年生まれ。筑波大学体育系教授。博士（工学）。専門はコーチング学、バイオメカニクス。［著作］『基礎から学ぶスポーツ概論』（共著、大修館書店、2013）など。

中込四郎（なかごみ　しろう）（**第3章**）
1951年生まれ。筑波大学体育系教授。博士（体育科学）。専門は臨床スポーツ心理学、スポーツカウンセリング。［著作］『アスリートの心理臨床』（単著、道和書院、2004）、『臨床スポーツ心理学』（単著、道和書院、2013）、『スポーツカウンセリングの現場から』（編著、道和書院、2015）など。

鈴木健嗣（すずき　けんじ）（**第5章**）
1975年生まれ。筑波大学システム情報系教授。博士（工学）。専門は人工知能、ロボット工学。［著作］『ロボット情報学ハンドブック』（共著、ナノオプトニクスエナジー、2010）、『Cybernics』（共著、Springer-Verlag, 2014）など。

前田清司（まえだ　せいじ）（**第6章**）
1965年生まれ。筑波大学体育系教授。博士（体育科学）。専門はスポーツ医学。［著作］『スポーツの科学』（共著、日本学術協力財団、2007）、『身体トレーニング』（共著、真興交易（株）医書出版部、2009）、『スポーツ生理学』（共著、化学同人、2013）など。

長谷川聖修（はせがわ　きよなお）**（第7章・コラム3）**
１９５６年生まれ。筑波大学体育系教授。体育学修士。専門はコーチング学。［著作］『乗って、弾んで、転がって！ちゃれんGボール』（共著、明治図書、２０１０）など。

遠藤卓郎（えんどう　たくろう）**（第8章）**
１９４８年生まれ。つくば気功研究所。筑波大学名誉教授。体育学修士。専門は身体技法論。［著作］『ボディワークと身心統合』（共著、創文企画、２０１４）、『体と気の世界探訪』（単著、勉誠出版、２００１）、「気功における身体」（『体育の科学』42巻4号、杏林書院、１９９２）など。

菊池章人（きくち　あきひと）**（第9章）**
１９５４年生まれ。ＳＰＡＲＴＳセンター長。体育学修士。専門は運動生化学。東北被災地を中心に、小中学校体育のための「音楽を活用した体力向上2分間体操」を開発提供している。［著作］『進化する運動科学の研究最前線』（共著、ＮＴＳ、２０１４）など。

大石純子（おおいし　じゅんこ）**（第10章）**
１９６７生まれ。筑波大学体育系准教授。博士（体育科学）。専門は武道学。［著作］「『古事記』にみられる武道関係用語に関する一考察」（共著、『身体運動文化研究』第20巻1号、身体運動文化学会、２０１５）、「沢庵宗彭に関する一考察―人的交流と武芸心法論の形成について―」（単著、『身体運動文化研究』第18巻1号、身体運動文化学会、２０１３）、「朝鮮李朝期の武芸書にみられる漢字「劒」の使用に関する一考察」（共著、『武道学研究』第44巻2号、日本武道学会、２０１１）など。

酒井利信（さかい　としのぶ）**（第10章）**
１９６４年生まれ。筑波大学体育系教授。博士（体育科学）。専門は武道学。［著作］『Ideology of the Sword：A Spiritual History of Japanese Culture』（『刀剣の歴史と思想』の英訳書・単著、日本武道館、２０１５）、『刀剣の歴史と思想』（単著、日本武道館、２０１１）、『日本精神史としての刀剣観』（単著、第一書房、２００５）など。

林洋輔（はやし　ようすけ）**（第11章）**
１９８２年生まれ。大阪教育大学教育学部講師。博士（体育科学）。専門は体育・スポーツ哲学、デカルト哲学。［著作］『デカルト哲学と身体教育』（単著、道和書院、２０１４）、「体育学の全体像および独自性の解明に向けた試論‥ルネ・デカルトにおける「学問の樹」を手がかりとして」（『体育学研究』第60巻1号、日本体育学会、2015）など。

江田香織（えだ　かおり）（**コラム1**）
1983年生まれ。筑波大学体育系研究員。博士（体育科学）。専門はスポーツ心理学、スポーツ臨床心理学。〔著作〕『スポーツカウンセリングの現場から』（共著、道和書院、2015）など。

西保岳（にしやす　たけし）（**コラム2**）
1961年生まれ。筑波大学体育系教授。教育学博士。専門は運動生理学、環境生理学。〔著作〕『体温Ⅱ 体温調節システムとその適応』（共著、ナップ、2010）など。

森達人（もり　たつと）（**コラム2**）
1969年生まれ。トヨタ車体株式会社勤務。筑波大学体育専門学群卒業。在学中は運動栄養生化学を専攻。トヨタ車体ラリーチーム「TLC」（～2014）。

清水諭（しみず　さとし）（**コラム4**）
1960年生まれ。筑波大学体育系教授。教育学博士。専門はスポーツ社会学、身体文化論。〔著作〕『甲子園野球のアルケオロジー』（単著、新評論、1998）、『ボディワークと身心統合』（編著、創文企画、2014）、『身体文化のイマジネーション』（単訳、新評論、1997）など。

たくましい心《こころ》とかしこい体《からだ》——身心統合《しんしんとうごう》のスポーツサイエンス

NDC780/xiii,237p/19cm

初版第一刷——二〇一六年七月三〇日

編著者——征矢《そや》英昭《ひであき》・坂入《さかいり》洋右《ようすけ》

発行者——鈴木一行

発行所——株式会社 大修館書店

〒一一三-八五四一 東京都文京区湯島二-一-一

電話03-3868-2651（販売部）

03-3868-2297（編集部）

振替00190-7-40504

［出版情報］http://www.taishukan.co.jp

装丁者——CCK

本文デザイン——CCK

印刷所——広研印刷

製本所——ブロケード

ISBN978-4-469-26798-3 Printed in Japan